Das Gesetz

über

Kleinbahnen und Privatanschlußbahnen

vom 28. Juli 1892

nebst der Ausführungsanweisung zu diesem Gesetze
vom 22. August 1892

erläutert von

Landgerichtsrath Herm. Jerusalem,
Mitglied des Hauses der Abgeordneten.

Berlin.
J. Guttentag, Verlagsbuchhandlung.
1892.

Vorwort.

An das vorliegende Gesetz über Kleinbahnen und Privatanschlußbahnen knüpfen sich in wirthschaftlicher Beziehung große Hoffnungen. Glaubt man doch schon, daß mit dem Inkrafttreten dieses Gesetzes eine Aenderung im Verkehrswesen nach der Richtung eintreten werde, daß an Stelle der kostspieligen Chausseebauten zur Bewältigung des unausgesetzt wachsenden Verkehrs Kleinbahnen gebaut werden würden. Ob sich diese Hoffnungen und Erwartungen in dem gewünschten Maße erfüllen werden, wird zum großen Theile davon abhängen, daß die Kenntniß wenigstens der wesentlichsten Bestimmungen dieses Gesetzes eine möglichst allgemeine wird und dadurch auch die Initiative zur Herstellung solcher Bahnen angeregt wird. Bei der Redaction des Gesetzes sowohl wie auch bei dessen Berathung und bei der Beschlußfassung über dasselbe in den Gesetzgebungskörpern ist man darauf bedacht gewesen, möglichst erleichternde Bestimmungen für diese Bahnen in das Gesetz aufzunehmen, weil man mit Recht der Ansicht war, daß hierdurch ganz besonders der Bau der Bahnen gefördert werde.

Meine Absicht bei Abfassung des vorliegenden Werkchens konnte im Hinblick hierauf nur die sein, möglichst klar den Willen des Gesetzgebers bei Festsetzung der einzelnen Bestimmungen des Gesetzes zum Ausdruck zu bringen und dadurch zugleich die Vorzüge derselben erkennbar zu machen. Ich habe dies an der Hand der Motive des Gesetzes, der Kommissionsberichte des Herrenhauses und des Abgeordnetenhauses, sowie der Verhandlungen im Plenum der beiden Häuser des Landtages versucht, mit der weiteren Hoffnung, dadurch den Behörden, welche in ihrer amtlichen Thätigkeit berufen sind, an der Ausführung des Gesetzes mitzuwirken, wie nicht minder denjenigen, welche bei der Entwickelung der Eisenbahnen unseres Landes interessirt sind, das Verständniß des Gesetzes zu erleichtern und sie insbesondere bei etwaigen Zweifeln über einzelne Bestimmungen der Mühe zu entheben, die Materialien des Gesetzes jedesmal nachschlagen zu müssen. Die in einzelnen Paragraphen des Gesetzes allegirten Bestimmungen anderer Gesetze sind in den Anmerkungen wörtlich wiedergegeben.

In der Anmerkung zu § 51 des Gesetzes haben die für die Bergwerks- oder Grubeneisenbahnen, auf welche das gegenwärtige Gesetz keine Anwendung findet, geltenden Bestimmungen vollständig Aufnahme gefunden; der Herr Oberbergrath Engels 'aus Clausthal hat die große Liebenswürdigkeit gehabt, diese Bestimmungen zusammenzustellen, wofür ich demselben hierdurch noch meinen ganz besonderen Dank ausspreche.

Meine Legitimation zu vorliegender Arbeit glaube ich daraus herleiten zu können, daß ich als Mitglied und Schriftführer der vom Hause der Abgeordneten zur Vorberathung des Gesetzes gewählten Kommission besonders in der Lage war, die Gesichtspunkte, welche von Seiten der Vertreter der Staatsregierung und der Mitglieder der Kommission geltend gemacht wurden, im Einzelnen festzustellen.

Düsseldorf, den 3. September 1892.

Jerusalem.

Uebersicht.

Gesetz über Kleinbahnen und Privatanschlußbahnen.

Einleitung.

Seit der Einführung des Staatsbahnsystems wird dem preußischen Landtage alljährlich zwecks Ausbaues des großen Staatseisenbahnnetzes eine Sekundärbahnvorlage unterbreitet. Bei der Berathung derselben ertönen jedesmal von Abgeordneten aller Parteien und aus allen Gegenden des Staates Klagelieder darüber, daß die durch sie vertretenen Bezirke bei der Vorlage nicht genügend berücksichtigt worden seien und es wird dann damit zugleich ein Wunschzettel für die im nächsten Jahre wieder zu erwartende Vorlage verbunden. Nach einer von dem Herrn Eisenbahnminister bei Berathung des vorliegenden Gesetzes in dem Herrenhause abgegebenen Erklärung lagen im März 1892 noch Anträge auf Errichtung von Nebenbahnen im Umfange von 17 000 Kilometer vor. Die Erbauung dieser Nebenbahnen würde einen Kostenaufwand von $2\frac{1}{2}$ Milliarden erfordern, so daß, wenn in einem jeden Jahre für die nicht unbeträchtliche Summe von 30 Millionen solche Nebenbahnen gebaut würden, ein Zeitraum von 80 Jahren vergingen, ehe jenen Anträgen vollständig entsprochen wäre. Jedenfalls eine zu lange Zeit für manche sehr dringend wünschenswerthe Nebenbahnen. Es kann auf der anderen Seite aber auch kein Zweifel darüber bestehen, daß eine ganze Reihe dieser beantragten Nebenbahnen nur eine lokale Bedeutung haben, bezüglich deren es weit über den Rahmen des Bedürfnisses hinausgehen würde, wenn sie als Nebenbahnen, Sekundärbahnen durch den Staat errichtet würden, da in diesem Falle ihre Herstellung sehr theuer würde, indem dieselbe nicht wohl unter 100 000 Mark pro Kilometer erfolgen könnte.

Aber auch solche Bahnen von nur lokaler Bedeutung können ein sehr dringendes Bedürfniß sein und zwar namentlich für Gegenden, die abseits des Verkehrs liegen und keine Aussicht haben, jemals eine „Eisenbahn" zu erhalten. Diese Bahnen werden nämlich durch Schaffung von Arbeitsgelegenheit und insbesondere dadurch zur Hebung des Wohlstandes dieser abgelegenen Landestheile erheblich beitragen, daß sie die Einwohner der letzteren durch die mit dem Großverkehr geschaffene raschere und dazu noch billigere Verbindung in den Stand setzen, ihre Produkte besser verwerthen zu können.

Für solche Gegenden sind aber Eisenbahnen nöthig, bei denen die Billigkeit der Herstellung und des Betriebes der wesentlich maßgebende Gesichtspunkt sein muß, und welche zugleich geeignet sind, unter thunlichst freier Entfaltung ihrer Kräfte sich den individuellen Bedürfnissen von Land und Leuten in einfachster Form anzupassen.

Die sogenannte Lokalbahnfrage beschäftigt denn auch schon länger als ein Jahrzehnt zahlreiche Kreise. In unseren Nachbarländern Sachsen, Holland, Belgien und Italien hat sie größtentheils schon zu gesetzgeberischen Schritten geführt; aber dabei ist es nicht geblieben, man ist auch zu Errichtung von solchen Lokalbahnen und zwar in größerem Umfange geschritten, während in Preußen neben den Pferde- und sogenannten Straßenbahnen nur wenige und unbedeutendere Eisenbahnunternehmungen entstanden sind, welche nicht dem Eisenbahngesetze vom 3. November 1838 unterstellt worden sind. Dazu, daß in Preußen die Entwickelung der Lokalbahnen, oder wie dieselben nunmehr genannt werden, der Kleinbahnen, so erheblich zurückgeblieben ist, wird nicht zum geringen Theil der Umstand beigetragen haben, daß es in Preußen bisher an klaren Bestimmungen sowohl über die Entstehung als auch über den Bau und den Betrieb der Kleinbahnen, über das Verhältniß der Letzteren zu den Landstraßen und Wegen, sowie über das Verhältniß derselben zu den benachbarten Voll- und Nebenbahnen fehlte. Diesem Bedürfnisse will die gegenwärtige Vorlage abhelfen und dadurch die Entwickelung der Kleinbahnen fördern. Die Motive des Gesetzes sprechen sich in dieser Beziehung wie folgt aus:

„Neben denjenigen Nebenbahnen, welche, obwohl von einfacherer Bau- und Betriebsart als die Vollbahnen, doch Theile des allgemeinen Eisenbahnnetzes bilden und demzufolge den Bestimmungen des Gesetzes über die Eisenbahnunternehmungen vom 3. November 1838 unterstellt sind, entstehen in neuerer Zeit immer zahlreicher

Bahnen rein örtlicher Natur, welche nicht als Glieder des allgemeinen Staatsbahnnetzes gelten können, vielmehr bestimmt sind, an dasselbe die davon nicht berührten Ortschaften anzuschließen. Für Kleinbahnen dieser Art ist Einfachheit und Billigkeit des Baues und Betriebes, sowie die leichte Anpaßbarkeit an die Bedingungen des örtlichen Verkehrs eine Lebensfrage. Schon aus diesem Grunde werden an sie die rechtlichen Anforderungen, welche in Bezug auf Bau und Betrieb an die dem allgemeinen Eisenbahnnetze angehörenden Bahnen gestellt werden, nicht erhoben werden können. Bisher entbehrten diese Bahnen unterster Ordnung einer besonderen gesetzlichen Regelung. Ihre Rechtsverhältnisse sind aber bei Anwendung der allgemeinen Gesetze und Verwaltungsbestimmungen keineswegs befriedigend oder auch nur in einer jeden Zweifel ausschließenden Weise sicher geordnet. Es liegt daher das Bedürfniß zu einem Eingreifen der Gesetzgebung um so mehr vor, als Preußen hinsichtlich der Entwickelung dieses wichtigen Verkehrsmittels hinter manchen außerdeutschen Staaten und deutschen Nachbarländern zurückgeblieben ist, während gerade in einem dem Verkehrsbedürfniß entsprechenden Netze solcher einfacheren und billigeren Verkehrsanlagen so ziemlich die einzige Möglichkeit gegeben ist, den ärmeren und minder verkehrsreichen Gegenden Preußens den Segen einer Eisenbahnverbindung zu Theil werden zu lassen."

„Zu den Gründen, aus welchen das Privatkapital sich in geringerem Maße, als dies erwünscht und nach Lage der Sache möglich wäre, in Preußen Bahnunternehmungen der bezeichneten Art zugewendet hat, wird auch die Unzulänglichkeit und Unbestimmtheit der Rechtsverhältnisse dieser Bahnen zu rechnen sein."

„Eine Gesetzgebung, welche sich das Ziel steckt, die öffentlichen Rechtsverhältnisse der Kleinbahnen im Zusammenhange zu ordnen, wird von dem leitenden Grundsatz auszugehen haben, daß bei Wahrung der betheiligten öffentlichen Interessen gleichwohl die Beschränkung und Belastung dieser Bahnunternehmungen auf das mit den Rücksichten des Gemeinwohls verträgliche geringste Maß zu beschränken ist, damit die kräftige Entwickelung dieses wichtigen Verkehrzweiges und die Betheiligung des Privatkapitals an demselben nicht gehindert wird. Aus diesem Grunde werden für die kleinen Bahnen dieser Art auch die bezüglichen Vorschriften für Nebenbahnen nicht zum Muster dienen können; ihre Rechtsverhältnisse werden vielmehr selbstständig nach der Natur und den Bedürfnissen derselben neu zu ordnen sein."

Das vorliegende Gesetz beantwortet in dem § 1 zunächst die Frage, unter welchen Voraussetzungen neu zu errichtender Eisenbahnen nicht dem Eisenbahngesetze vom 3. November 1838, sondern ihm selbst zu unterwerfen sind und bezeichnet als allgemeines Merkmal dieser Bahnen ihre geringe Bedeutung für den allgemeinen Eisenbahnverkehr. Im § 2 wird sodann die Herstellung und der Betrieb einer Kleinbahn von einer vorhergehenden polizeilichen Genehmigung, deren Umfang im § 4 bestimmt ist, abhängig gemacht. Im Folgenden sind die Zuständigkeitsfragen der für die Genehmigung maßgebenden Behörden (§ 3) geregelt und die Bedingungen festgesetzt, von welchen die Genehmigung abhängig gemacht ist. Von einer staatlichen Prüfung der Bedürfnißfrage wie auch von einer solchen der finanziellen Sicherheit des Unternehmers hat das Gesetz abgesehen und zwar wie die Motive sich äußern, weil:

> „wenn der Mitbewerb mehrerer nicht gleichwerthiger Unternehmungen in Frage kommt, zu den als Straßeneigenthümer in der Regel betheiligten Kommunalverbänden das Vertrauen gehegt werden darf, daß sie unter den Konkurrenten die den betheiligten Verkehrsinteressen entsprechendste Wahl treffen werden."

Für die möglichst billige Herstellung der Bahnen war es nothwendig, ihnen die Benutzung öffentlicher Wege zu sichern, in den §§ 6 und 7 sind daher die Bedingungen angegeben, unter denen die Wegeunterhaltungspflichtigen die Benutzung der öffentliche Wege gestatten müssen.

Die Interessen der Landesvertheidigung der Reichspostverwaltung und der benachbarten Bahnen können unter Umständen durch die Herstellung einer Kleinbahn berührt werden, es ist daher für den Fall, daß eine Kleinbahn in Beziehung zu einer Anlage von diesen Behörden tritt, die Genehmigung bezw. Anhörung dieser Behörden vorgeschrieben. §§ 8 und 9.

Um die Kleinbahnen einerseits dem lokalen Verkehr, andererseits aber auch dem allgemeinen Verkehrsinteresse dienstbar zu machen, sind Vorschriften gegeben, unter welchen die Voll-, Neben- und Privatbahnen den Anschluß an die Kleinbahnen und den

Letzteren wieder der Anschluß an Jene gestattet sein soll. §§ 10, 28 und 29.

Für die dem Unternehmer bei der Genehmigung auferlegten Verpflichtungen kann es nothwendig sein, Sicherstellung von ihm zu verlangen. Von der Leistung dieser Sicherstellung ist die Aushändigung der Genehmigungsurkunde abhängig gemacht. §§ 11 und 15.

Mit Rücksicht auf den Umstand, daß die Kleinbahnen durch willkürliche Tariffestsetzungen ihre gegenseitige Rentabilität und möglicherweise sogar auch diejenige benachbarter Voll- und Nebenbahnen untergraben können, ist die Festsetzung der Tarife allerdings unter sehr erleichternden Bestimmungen, unter polizeiliche Kontrole gestellt worden. § 14.

Gegenüber den Kleinbahnen, welche mit Maschinenkraft betrieben oder für diesen Betrieb eingerichtet werden sollen, ist den betheiligten privaten und öffentlichen Interessen derselben Schutz gewährt, welchen die letzteren den dem Eisenbahngesetz von 1838 unterstellten Eisenbahnen gegenüber besitzen. §§ 17 und 18.

Neben der Genehmigung zur Herstellung und zum Betriebe einer Kleinbahn, sowie der speziellen Genehmigung zur Inbetriebsetzung der fertiggestellten Bahn ist noch eine dauernde Aufsicht über die im Betrieb befindliche Bahn angeordnet; diese wird von der zur Genehmigung kompetenten Behörde bezw. in eisenbahntechnischen Fragen von der durch den Minister zu ernennenden Eisenbahnbehörde ausgeübt. §§ 20, 22, 10.

Im Interesse des öffentlichen Verkehrs und der Befriedigung der Bedürfnisse derselben ist bei nicht fristgemäßer Ausführung der Bahn oder der Eröffnung des Betriebes der Aufsichtsbehörde die Möglichkeit der Entziehung der Genehmigung oder bei Zuwiderhandlung gegen die behördlichen Anordnungen, sowie bei Unterbrechungen im Bau und Betrieb das Recht zur Klage bei dem Oberverwaltungsgerichte auf Zurücknahme der Genehmigung gegeben. §§ 23, 25.

Der Staat hat sich das Recht vorbehalten, eine Kleinbahn für den Fall, daß sie vermöge ihrer nachträglich erlangten Bedeutung für den öffentlichen Verkehr als Theil des allgemeinen Eisenbahnnetzes zu erachten ist, eigenthümlich zu erwerben und zwar unter voller Entschädigung des Unternehmers. § 30.

Um die Kleinbahnen endlich der Unterstützung derjenigen Organe der Selbstverwaltungen zu sichern, welche nach der Gesetzgebung in Preußen zur Pflege des Wegebaues vorzugsweise berufen sind, nämlich von Seiten der Verwaltungen der Provinzen, ist in dem Gesetze die Ermächtigung ausgesprochen worden, die den Provinzen überwiesenen Dotationsgelder auch zur Förderung des Baues von Kleinbahnen zu verwenden.

Im zweiten Abschnitte des Gesetzes werden die Rechtsverhältnisse derjenigen Privatbahnen geregelt, welche zwar an sich nicht bestimmt sind, dem öffentlichen Interesse zu dienen, welche weder vermöge ihrer Einrichtung für den Betrieb mit Maschinenkraft und wegen ihrer Verbindung mit den dem öffentlichen Verkehre dienenden Eisenbahnen geeignet sind, das öffentliche Interesse zu berühren. Die Regelung der Verhältnisse dieser sogenannten Privatanschlußbahnen ist entsprechend derjenigen der Kleinbahnen erfolgt, nur mit dem Unterschiede, daß bei denselben alle diejenigen Bestimmungen in Wegfall gekommen sind, welche im Interesse des öffentlichen Verkehrs bei den Kleinbahnen gegeben worden sind.

Ein Theil der Bestimmungen dieses Gesetzes ist schließlich auf diejenigen Kleinbahnen für anwendbar erklärt worden, welche bereits vor dem Inkrafttreten dieses Gesetzes als außerhalb des Eisenbahngesetzes von 1838 stehend, genehmigt und errichtet worden sind. Unter genau bestimmten Voraussetzungen ist auch ihre gänzliche Unterstellung unter das gegenwärtige Gesetz vorgesehen.

Publizirt wurde das Gesetz am 28. Juli 1892 Preuß. Gesetz-Sammlung Nr. 25 S. 225 ff.

I. Kleinbahnen.

§. 1.

Kleinbahnen sind die dem öffentlichen Verkehre dienenden Eisenbahnen, welche wegen ihrer geringen Bedeutung für den allgemeinen Eisenbahnverkehr dem Gesetze über die Eisenbahnunternehmungen vom 3. November 1838 (Gesetz-Samml. S. 505) nicht unterliegen.

Insbesondere sind Kleinbahnen der Regel nach solche Bahnen, welche hauptsächlich den örtlichen Verkehr innerhalb eines Gemeindebezirks oder benachbarter Gemeindebezirke vermitteln, sowie Bahnen, welche nicht mit Lokomotiven betrieben werden.

Ob die Voraussetzung für die Anwendbarkeit des Gesetzes vom 3. November 1838 vorliegt, entscheidet auf Anrufen der Betheiligten das Staatsministerium.

---

1. Nach der in diesem Paragraphen gegebenen Definition des Begriffes „Kleinbahnen“ gehören zu denselben diejenigen Eisenbahnen, welche zwar bestimmt sind, dem öffentlichen Verkehr zu dienen, welche aber für den allgemeinen Verkehr nur eine geringe Bedeutung haben. Das Letztere, die Bedeutung einer Eisenbahn für den allgemeinen Verkehr ist also das Entscheidende für die Frage, ob eine neu zu erbauende Eisenbahn den Bestimmungen dieses Gesetzes oder des Gesetzes über die Eisenbahn-Unternehmungen vom 3. November 1838 unterworfen werden soll. Alles Andere ist nicht von entscheidender Bedeutung, so insbesondere nicht die Fahrgeschwindigkeit, die Spurweite des Geleises oder endlich die Art des Betriebes, ob derselbe ein animalischer oder ein solcher mit irgend einer Maschinenkraft sein soll. In der Kommission war der Antrag gestellt worden, in dem Gesetze zum Ausdruck zu bringen, daß nur die schmalspurigen und die nicht mit Maschinenkraft betriebenen Eisenbahnen unter dieses Gesetz fallen sollten. Dieser Antrag wurde indeß wieder zurückgezogen, nachdem Seitens der Regierung erklärt worden war, daß die Schmalspur kein Kriterium für Kleinbahnen sein könne; es beständen schon jetzt namentlich in Gebirgsgegenden schmalspurige Eisenbahnen, welche trotz ihrer Schmalspur als Theile des allgemeinen Eisenbahnnetzes gelten müßten und es könne sich dies in der Zukunft wiederholen. Außerdem sei es nicht räthlich, Pferdebahnen oder sonstige Eisenbahnen mit animalischem Betriebe allgemein unter dieses Gesetz zu stellen, da sich außerordentliche Fälle denken

ließen, bei denen ihre Unterordnung unter das Eisenbahngesetz vom Jahre 1838 in Frage kommen könne.

2. Nach Inkrafttreten des gegenwärtigen Gesetzes giebt es nunmehr zwei Klassen von Eisenbahnen, nämlich solche Eisenbahnen, welche den Bestimmungen des erwähnten Eisenbahngesetzes vom Jahre 1838 unterliegen und sodann diejenigen Bahnen, die Kleinbahnen, deren Rechtsverhältnisse nach den Bestimmungen des gegenwärtigen Gesetzes zu regeln sind. Der § 53 bezieht sich nur auf bereits bestehende Kleinbahnen, auf welche das Eisenbahngesetz keinerlei Anwendung findet.

3. Unter den zur Zeit dem Eisenbahngesetz unterstehenden Bahnen befinden sich auch einzelne, welche nach ihrer Bedeutung und Bestimmung zweckmäßiger dem gegenwärtigen Gesetze unterworfen würden. Die Möglichkeit einer derartigen Deklassirung unter Zustimmung des Konzessionärs im Verwaltungswege besteht auch ohne eine diesbezügliche gesetzliche Bestimmung, wie dies in der Kommission ohne Widerspruch von irgend einer Seite zu erfahren, anerkannt wurde. Soweit eine Deklassirung erfolgt, reiht dieselbe die betreffende Eisenbahn vollständig unter die Kleinbahnen dergestalt ein, daß sie nunmehr der Anwendung des Eisenbahngesetzes völlig entzogen ist.

4. „Eisenbahn“ bezeichnet im weitesten Sinne begrifflich jede zum Transport von Gütern und Menschen bestimmte Anlage, bei welcher die Transportmittel sich auf festen — die Bahn genau vorzeichnenden, — Schienen bewegen.

Eine Definition der Eisenbahn im Sinne des Haftpflichtgesetzes vom 7. Juni 1871 hat das Reichsgesetz in einem Urtheile vom 17. März 1880 (Entsch. des Reichsger. Band I, S. 247 ff.) gegeben, sie lautet:

„Eine Eisenbahn ist ein Unternehmen, gerichtet auf wiederholte Fortbewegung von Personen oder Sachen über nicht ganz unbedeutende Raumstrecken auf metallener Grundlage, welche durch ihre Konsistenz, Konstruktion und Glätte den Transport großer Gewichtsmassen beziehungsweise die Erzielung einer verhältnißmäßig bedeutenden Schnelligkeit der Transportbewegung zu ermöglichen bestimmt ist und durch diese Eigenart in Verbindung mit den außerdem zur Erzeugung der Transportbewegung benutzten Naturkräfte (Dampf, Elektrizität, thierischer oder menschlicher Muskelthätigkeit) bei dem Betriebe des Unternehmers auf derselben eine verhältnißmäßig gewaltige Wirkung zu erzeugen fähig ist.“

Die Eisenbahnen, welche den Bestimmungen des Eisenbahngesetzes vom Jahre 1838 unterliegen, werden eingetheilt in „Vollbahnen“ und Sekundärbahnen. Für letztere ist in der offiziellen Sprachweise, in den letzten Jahren der Name „Eisenbahnen untergeordneter Bedeutung“ in Aufnahme gekommen. Eine präzise Definition der Begriffe „Voll-“ auch Haupt-Bahnen und Sekundärbahnen ist nicht zu geben, es fehlt an feststehenden sicheren Erkennungszeichen, welche es ermöglichen, zu bestimmen, wo die Grenze zwischen Vollbahn und Sekundärbahn liegt. Der Grund des Unterschiedes zwischen diesen beiden Bahnen ist durch die Bau- und die Betriebsart gegeben, kann aber auch allein in der Betriebsart liegen, besonders in der Verminderung der Geschwindigkeit für sämmtliche Züge einer Bahn.

Bei den normalspurigen Eisenbahnen beträgt die Spurweite im Lichten 1,435 m. Schmalspurige Eisenbahnen sind daher diejenigen, bei welchen die Spurweite der Schienen jenes Normalmaß nicht erreicht.

5. Der Regel nach werden insbesondere als Kleinbahnen zu erachten sein diejenigen Bahnen, welche im Abs. 2 aufgezählt sind, bezüglich dieser Bahnen wird nämlich der Regel nach anzunehmen sein, daß sie für den allgemeinen Eisenbahnverkehr nur eine geringe Bedeutung haben werden.

6. Gemeindebezirk. Dieses Wort wurde an Stelle des im Entwurfe enthaltenen Wortes „Gemeinde" gesetzt, um zum Ausdruck zu bringen, daß damit der ganze territoriale Umfang der Gemeinde gemeint sei, dies Gesetz daher nicht allein Anwendung finden soll auf Eisenbahnen, welche den Verkehr zwischen einzelnen Ortschaften einer Gemeinde, sondern auch auf solche, welche den Verkehr zwischen zwei beliebigen anderen Punkten innerhalb eines Gemeindebezirks vermitteln sollen. (Beispielsweise die vielen Bergbahnen, s. Niederwaldbahn.)

7. Unter Lokomotive ist eine Dampfmaschine zu verstehen, welche sich selbst auf einem Schienengeleis fortbewegt und dabei im Stande ist, ihr angehängte Lasten zu ziehen. Im einzelnen Falle sind Zweifel darüber möglich, ob eine Bahn mit Lokomotiven betrieben wird, so z. B. bei einem mit Maschinenkraft betriebenen Gefährte, welches zugleich Plätze für Passagiere enthält.

8. Die Voraussetzung für die Anwendbarkeit des Eisenbahngesetzes vom Jahre 1838 auf eine Eisenbahn besteht darin, daß die Letztere bestimmt ist, nicht blos einem lokalen Bedürfnisse, sondern dem allgemeinen Verkehre zu dienen, so daß sie als Theil des allgemeinen Eisenbahnnetzes zu gelten hat.

9. Die Ausführungsbestimmung zu diesem Paragraphen lautet:

Behufs Bezeichnung derjenigen Eisenbahnbehörde, welche bei der Genehmigung mitzuwirken hat, ist von jedem Antrage auf Genehmigung, wesentliche Aenderung oder Erweiterung einer zum Betriebe mit Maschinenkraft bestimmten Bahn (§ 3 Nr. 1) sowie auf Einführung des Maschinenbetriebes auf einer anderen Bahn (§ 3 Nr. 2) dem Minister der öffentlichen Arbeiten Anzeige zu erstatten. Behufs Prüfung der Frage, ob eine solche Bahn dem Gesetze über die Eisenbahnunternehmungen vom 3. November 1838 zu unterstellen ist, ist bei der Erstattung der Anzeige auch hierüber unter Beibringung der zur Beurtheilung dienlichen Unterlagen zu berichten.

Ebenso ist von anderen Anträgen auf Genehmigung einer Kleinbahn, soweit es sich nicht um Pferdebahnen innerhalb städtischer Straßen handelt, dem Minister der öffentlichen Arbeiten Anzeige zu erstatten. Während jedoch bei einer für den Betrieb mit Maschinenkraft bestimmten Bahn dem Genehmigungsverfahren nicht Fortgang zu geben ist, bevor nicht die Entschließung des Ministers der öffentlichen Arbeiten vorliegt, ist in dem letztgedachten Falle dem Verfahren Fortgang zu geben, sofern nicht ausnahmsweise die zur Genehmigung zuständige Behörde die Anwendung des Gesetzes über die Eisenbahnunternehmungen vom 3. November 1838 für angezeigt oder doch wenigstens für fraglich erachtet und hierüber die Entschließung des Ministers der öffentlichen Arbeiten einholt.

§. 2.

Zur Herstellung und zum Betriebe einer Kleinbahn bedarf es der Genehmigung der zuständigen Behörde. Dasselbe gilt für wesentliche Erweiterungen oder sonstige wesentliche Aenderungen des Unternehmens, der Anlage oder des Betriebes. Diese Genehmigung ist zu versagen, wenn die Erweiterung oder Aenderung die Unterordnung des Unternehmens unter das Gesetz vom 3. November 1838 bedingt.

Sofern der Antrag auf Genehmigung, Erweiterung oder Veränderung einer Kleinbahn aus dem Grunde abgelehnt wird, weil die Bahn dem Gesetz vom 3. November 1838 zu unterstellen sein würde, ist in der Verfügung der Grund hierfür anzugeben und zugleich zu bemerken, daß ein etwaiger Antrag auf Entscheidung des Staats-Ministeriums bei dem verfügenden Regierungs-Präsidenten binnen einer angemessen festzusetzenden Frist einzureichen sei. Geht ein solcher Antrag ein, so ist von dem Regierungs-Präsidenten Bericht an den Minister der öffentlichen Arbeiten zu erstatten.

Zu § 2.

1. Nach der Vorschrift dieses Paragraphen bedarf es der Genehmigung:
   a) zur Herstellung und zum Betriebe einer Kleinbahn,
   b) zu wesentlichen Erweiterungen eines bestehenden Unternehmens,
   c) zu wesentlichen Aenderungen eines bestehenden Unternehmens oder der Anlage,
   d) zu wesentlichen Aenderungen des Betriebes eines bestehenden Unternehmens.

2. Die hier vorgeschriebene Genehmigung ist nicht *lediglich* polizeilicher Natur; vor Ertheilung der Genehmigung hat die genehmigende Behörde nämlich nicht allein die nach § 4 erforderliche allerdings lediglich polizeiliche Prüfung nach den dort angegebenen vier Richtungen hin, sondern auch die Prüfung der nach § 5 hierbei einzureichenden Unterlagen vorzunehmen.

3. In der Kommission wurde ausdrücklich anerkannt, daß der Wechsel des Unternehmers einer Kleinbahn ebenso wie die Fusion eines Unternehmens mit einem anderen eine wesentliche Aenderung des Unternehmens darstelle. Nach der zu diesem Paragraph erlassenen Ausführungsbestimmung — siehe unter Anmerkung 6 — steht nichts im Wege, wenn der Antragsteller eine physische Person ist, die Genehmigung auch auf die Erben und Rechtsnachfolger unter der Voraussetzung zu erstrecken, daß gegen die Person der Letzteren als Betriebsunternehmer sich nicht etwa Bedenken ergeben sollten. Wenn der Antragsteller ein Ausländer ist, siehe Anm. 6.

4. Bei der dritten Lesung des Gesetzes im Plenum wurde Seitens eines Abgeordneten hervorgehoben, daß nach seiner Meinung *wesentliche Erweiterungen* des Unternehmens oder wesentliche Aenderungen des Betriebes eines bestehenden Unternehmens im Allgemeinen nur dann als gegeben anzu-

§. 3.

Zur Ertheilung der Genehmigung ist zuständig:

1. wenn der Betrieb ganz oder theilweise mit Maschinenkraft beabsichtigt wird: der Regierungspräsident, für den Stadtkreis Berlin der Polizeipräsident, im Einvernehmen mit der von dem Minister der öffentlichen Arbeiten bezeichneten Eisenbahnbehörde;
2. in allen übrigen Fällen, und zwar:
   a) sofern Kunststraßen, welche nicht als städtische Straßen in der Unterhaltung und Verwaltung von Stadtkreisen stehen, benutzt oder von der Bahn mehrere Kreise oder nicht preußische Landestheile berührt werden sollen: der Regierungspräsident, im ersten Falle für den Stadtkreis Berlin der Polizeipräsident,
   b) sofern mehrere Polizeibezirke desselben Landkreises berührt werden: der Landrath,
   c) sofern das Unternehmen innerhalb eines Polizeibezirks verbleibt: die Ortspolizeibehörde.

---

nehmen seien, wenn durch dieselben öffentliche Interessen berührt würden. Ein Widerspruch gegen diese Meinungsäußerung wurde von keiner Seite erhoben.

5. Um zum Ausdruck zu bringen, daß der letzte Satz dieses Paragraphen sich nur auf den zweiten und nicht auch auf den ersten Satz beziehe, wurde in der dritten Lesung des Gesetzes beschlossen, hinter dem ersten Satze einen neuen Absatz beginnen zu lassen. Im § 1 des Gesetzes ist nämlich schon gesagt, daß die Genehmigung zur Herstellung und zum Betriebe einer solchen Eisenbahn, bei der die Voraussetzungen für die Anwendbarkeit des Gesetzes vom 3. November 1838 vorlagen, zu versagen sei; einer Wiederholung dieses Satzes bedurfte es daher nicht mehr. Bei der Publikation des Gesetzes ist obigem Beschlusse keine Rechnung getragen worden.

6. Die Ausführungsbestimmung zu diesem Paragraph lautet: „Die Genehmigung für das Unternehmen ist dem Antragsteller für seine Person zu ertheilen. Ist der Antragsteller eine physische Person, so wird indeß in der Regel nichts entgegenstehen, die Genehmigung auch auf die Erben und sonstigen Rechtsnachfolger unter der Voraussetzung zu erstrecken, daß gegen die Person der letzteren als Betriebsunternehmer sich nicht etwa Bedenken ergeben sollten (Ausländer, Staatsbeamte u. s. w.). Ist der Unternehmer ein Ausländer, so ist bei der Genehmigung vorzuschreiben, daß er im Inlande Domizil mit der Wirkung zu nehmen hat, daß er von demselben aus regelmäßig die Verträge mit den dem Reich Angehörigen abzuschließen und wegen aller aus seinen Geschäften mit solchen entstehenden Verbindlichkeiten bei den Gerichten des betreffenden Orts Recht zu nehmen hat."

Wenn die zum Betriebe mit Maschinenkraft einzurichtende Bahn die Bezirke mehrerer Landespolizeibehörden berührt, oder in dem Falle der Nr. 2a die betreffenden Kreise nicht in demselben Regierungsbezirke liegen, bezeichnet der Oberpräsident, falls jedoch die Landespolizeibezirke beziehungsweise Kreise verschiedenen Provinzen angehören, oder Berlin betheiligt ist, der Minister der öffentlichen Arbeiten im Einvernehmen mit dem Minister des Innern die zuständige Behörde.

Die Zuständigkeit zur Genehmigung von wesentlichen Erweiterungen oder sonstigen wesentlichen Aenderungen des Unternehmens, der Anlage und des Betriebes regelt sich so, als ob das Unternehmen in der nunmehr geplanten Art neu zu genehmigen wäre. Jedoch bleibt zur Genehmigung von Aenderungen des Betriebes der in Absatz 1 Nr. 1 erwähnten Unternehmungen diejenige Behörde zuständig, welche die Genehmigung zum Bau und Betriebe ertheilt hat.

Zu § 3.

1. Die Zuständigkeit zur Ertheilung der Genehmigung für den Bau und Betrieb ist, da die Genehmigung im Wesentlichen eine polizeiliche ist, den nach unserem Staatsorganismus mit der Wahrnehmung der allgemeinen Polizei betrauten Organen übertragen worden. Es hat demnach die Genehmigung zu ertheilen:

a) wenn der Betrieb ganz oder theilweise mit Maschinenkraft beabsichtigt wird, der Regierungspräsident als Landespolizeibehörde in Verbindung mit der von dem Minister der öffentlichen Arbeiten bezeichneten Eisenbahnbehörde. Der Betrieb mit Maschinenkraft wird in der Regel für weitere Kreise eine größere Bedeutung haben und es ist daher aus denselben Gründen, aus denen durch § 59 der Kreisordnung für die sechs östlichen Provinzen und die entsprechenden Bestimmungen der übrigen Kreisordnungen sowie § 138 des Gesetzes über die allgemeine Landesverwaltung die Strom-Schifffahrts- und Hafen-Polizei der Zuständigkeit den Ortspolizeibehörden entzogen ist, die Zuständigkeit über die Bahnen mit Maschinenbetrieb den Landespolizeibehörden unterstellt worden. Eine Mitwirkung der Eisenbahnbehörden ist geboten, damit die Prüfung sowohl in Bezug auf den Bau und Betrieb, als in Bezug auf die Verwendung der Maschinen mit der nöthigen Sachkunde erfolgt. Auch empfiehlt sich diese Mitwirkung aus dem weiteren Grunde, weil bei diesen Bahnen vornehmlich die Frage sich aufwerfen wird, ob sie dem Gesetze vom 3. November 1838 zu unterstellen sind;

b) in allen übrigen Fällen die Polizeibehörden, wie solche unter Nr. 2 a bis e angegeben sind. Die Bestimmung, daß für die Ertheilung der Genehmigung zu Bahnen, welche Kunststraßen benutzen, die Landespolizeibehörde (Regierungspräsident) — mit einer Ausnahme, sofern es sich nämlich nicht um Kunststraßen handelt, welche als städtische Straßen in der Unterhaltung und Verwaltung von Stadtkreisen stehen — und nicht die Ortspolizeibehörde zuständig sein soll, entspricht der Ordnung der wegepolizeilichen Zuständigkeit für Kunststraßen (§ 56 des Zuständigkeitsgesetzes).

2. Ortspolizeibehörde ist:

a) in den Städten der Bürgermeister; in bedeutenderen Städten kann die Ortspolizei besonderen königlichen Beamten übertragen werden;

b) in Landgemeinden:

α) im Geltungsbereiche der Kreisordnung vom 19. März 1881, also in den Provinzen Ost- und Westpreußen, Brandenburg, Pommern, Schlesien und Sachsen nach § 59: der Amtsvorsteher,

β) in Schleswig-Holstein: ebenfalls der Amtsvorsteher,

γ) in Hannover: der Landrath,

δ) in Hessen-Nassau und der Rheinprovinz: der Landbürgermeister,

ε) in Westfalen: der Amtmann,

ζ) in Posen: der Distriktskommissar,

η) in Hohenzollern-Sigmaringen: der Bürgermeister,

ϑ) in Hohenzollern-Hechingen: der Voigt.

Ueber die Rechtsmittel gegen die Beschlüsse und Verfügungen der nach diesen Paragraphen zuständigen Behörden vgl. § 52.

3. Betrieb mit Maschinenkraft, der Gegensatz hierzu bildet animalischer Betrieb, also gehört hierzu auch der elektrische Betrieb.

4. Im Einvernehmen. In der Vorlage standen statt dessen die Worte „in Verbindung mit". Durch diese Abänderung des Textes soll zum Ausdruck gebracht werden, daß nach Außen, dem Unternehmer und jedem Dritten gegenüber nur der Regierungs-Präsident die Genehmigung ertheilt. Siehe noch unten Anm. 10. Auf welche Weise der Regierungs-Präsident sich der Genehmigung der Eisenbahnbehörde versichert und wie diese Genehmigung im Beschwerdewege durch den Regierungs-Präsidenten erzwungen werden kann, ist ein Internum der Verwaltung. Der Unternehmer hat sich mit seinem Gesuche allein an den Regierungs-Präsidenten zu wenden und von diesem allein geht ihm auch die Entscheidung auf sein Gesuch zu.

Diejenige Eisenbahnbehörde, welche bei der Genehmigung mitzuwirken hat, wird nach der zu § 1 erlassenen Ausführungsbestimmung durch den Minister der öffentlichen Arbeiten, von Fall zu Fall bestimmt. cf. Anm. 9 zu § 1.

5. Kunststraße. Auf Grund der von einem Regierungs-Kommissar in der zweiten Lesung abgegebenen Erklärung ist bei der dritten Lesung durch einen Abgeordneten, ohne daß hiergegen von irgend einer Seite Widerspruch erhoben wurde, festgestellt worden, daß der Begriff „Kunststraße" in dem vorliegenden Gesetze durch die im § 12 des Chausseepolizeigesetzes vom 20. Juni 1887 gegebenen Definition vollständig gedeckt wird und daß also alle Kunststraßen im Sinne dieses Gesetzes nur die im § 12 des fraglichen Gesetzes aufgezählten drei Kategorien von Straßen zu gelten haben.

Der § 12 des Chausseepolizeigesetzes lautet:

„Als Kunststraßen (Chausseen) im gesetzlichen Sinne gelten in dem Geltungsbereiche dieses Gesetzes:

1. alle Kunststraßen, auf welche die Verordnung vom 17. März 1839, betr. den Verkehr auf den Kunststraßen (G.S. 1839, S. 80) Anwendung findet;
2. alle Kunststraßen, für welche das Recht zur Erhebung von Chausseegeld verliehen ist oder die zusätzlichen Bestimmungen zu dem Chausseegeldtarif vom 29. Februar 1840 (G.S. 1840, S. 97) für anwendbar erklärt sind;
3. diejenigen Kunststraßen, welche auf Antrag des Unterhaltungspflichtigen als solche staatlich von dem Oberpräsidenten anerkannt werden.

Ein Verzeichniß derjenigen Kunststraßen, auf welche demgemäß die Bestimmungen dieses Gesetzes Anwendung finden, ist von dem Oberpräsidenten durch das Amtsblatt derjenigen Regierung, in deren Bezirk die Straße liegt, zu veröffentlichen. Ingleichen jede Erweiterung und jede anderweite Abänderung dieses Verzeichnisses."

Zu den Kunststraßen, welche als städtische Straßen in der Unterhaltung und Verwaltung von Stadtkreisen stehen, gehören insbesondere auch diejenigen Staatschausseen und chaussirten Straßen, welche auf Grund des Dotationsgesetzes vom 8. Juli 1875 den Provinzialverbänden übertragen worden und deren Verwaltung und Unterhaltung sodann von den Provinzialverbänden an die Städte übergegangen ist. — Siehe unten Anm. 10 die Ausführungsbestimmung zu diesem Paragraph.

6. Im Absatz 3 ist die Frage geregelt, welche Polizeibehörden zur Genehmigung zuständig ist, wenn ein bereits bestehendes Unternehmen wesentliche Erweiterungen oder sonstige wesentliche Aenderungen des Unternehmens der Anlage und des Betriebes vornimmt, sei es durch Neuanlagen, sei es durch Fusion mit einem bereits bestehenden Unternehmen oder durch Uebergang zu einer andern Art des Betriebes. Geht beispielsweise eine Eisenbahn mit Maschinenbetrieb nachträglich zu animalischem Betriebe über, so ist für die hierfür nothwendige Genehmigung der Regierungs-Präsident zuständig. Ist die nachträglich nothwendig gewordene Genehmigung ertheilt, so ist für die demnächstige Beaufsichtigung der Bahn diejenige Behörde zuständig, welche die Genehmigung zu dem Unternehmen zu ertheilen gehabt haben würde, wenn Letzteres von vornherein in seiner nunmehrigen Betriebsart genehmigt worden wäre. — Siehe Anm. 10 letzter Absatz.

7. Als Zeitpunkt des Ueberganges der Zuständigkeit zur Aufsicht über ein bestehendes Unternehmen von der einen auf die andere Behörde gilt die Rechtskraft der diese Kompetenzänderung zur Folge habenden Genehmigungsverfügung.

8. Eine von demselben Unternehmer neu zu erbauende Bahn gilt, wenn diese von dem bisherigen Unternehmen örtlich getrennt ist, als ein neues Unternehmen und nicht als eine Erweiterung des früheren.

9. Die Frage, welche Behörde zur Genehmigung eines Unternehmens in Städten mit königlicher Polizeiverwaltung zuständig sein soll, wenn demnächst

§. 4.

Die Genehmigung wird auf Grund vorgängiger polizeilicher Prüfung ertheilt. Diese Prüfung beschränkt sich auf:

1. **die betriebssichere Beschaffenheit der Bahn und der Betriebsmittel,**
2. **den Schutz gegen schädliche Einwirkungen der Anlage und des Betriebes,**

---

in Folge des neu beschlossenen Polizeikostengesetzes gewisse Theile der Verkehrspolizei auf die städtische Verwaltung übertragen wird, ist durch das vorliegende Gesetz nicht entschieden worden, lag auch außerhalb des Rahmens derselben.

10. Die Ausführungsbestimmung zu diesem Paragraphen lautet:

„1. Wenn auch der Regierungs-Präsident nach Außen für die Ertheilung der Genehmigung allein zuständig ist, so empfiehlt es sich doch, in der Genehmigungsurkunde diejenige Eisenbahnbehörde zu bezeichnen, mit deren Einvernehmen die Genehmigung ertheilt wird, damit der Unternehmer weiß, welche Eisenbahnbehörde für das Unternehmen bestellt ist.

2. a) Als Kunststraßen sind anzusehen:

a) für den Geltungsbereich des Gesetzes vom 20. Juni 1887 (Ges.-Samml. S. 301) die im § 12 daselbst näher bezeichneten Kunststraßen;

b) für die Provinz Hannover: die Chausseen und Landstraßen;

c) für Schleswig-Holstein mit Ausnahme des Kreises Herzogthum Lauenburg: die in der Unterhaltung der Provinz befindlichen Haupt- und Neben-Landstraßen und die in der Unterhaltung der Kreise befindlichen ausgebauten Neben-Landstraßen;

d) für die Provinz Hessen-Nassau: die vormaligen Staatsstraßen, die Provinzial-, Distrikts- und chaussirten Verbindungsstraßen sowie die Landwege;

e) für die Hohenzollernschen Lande: die Landstraßen;

f) für den Kreis Herzogthum Lauenburg: die Landstraßen.

Welche Kunststraßen als städtische Straßen in der Unterhaltung und Verwaltung von Stadtkreisen stehen, ist eine Thatfrage, welche für jeden Fall besonders zu entscheiden ist. Es empfiehlt sich indessen, mit den städtischen Behörden der einen Stadtkreis bildenden Städte alsbald in Verhandlung zu treten und eine Verständigung darüber herbeizuführen, betreffs welcher Theile von Kunststraßen die Zuständigkeit der Regierungs-Präsidenten auszuschließen sein wird. Für den Fall von Meinungsverschiedenheiten ist unsere Entscheidung einzuholen.

2. b) und c) Es wird sich empfehlen, in denjenigen Fällen, in denen eine Bahn öffentliche Wege berührt, Flüsse überschreiten muß oder sonst nicht ganz einfache Bauverhältnisse vorliegen, bei der Prüfung des Genehmigungsgesuches sich technischen Beirathes zu bedienen (Königliche, Provinzial-, Kreis- oder städtische Baubeamte u. s. w.)

Die hierdurch erwachsenden baaren Auslagen fallen, wie alle baaren Auslagen in dem Genehmigungsverfahren, dem Unternehmer zur Last; andere Kosten sind demselben dagegen nicht aufzuerlegen."

3. die technische Befähigung und Zuverlässigkeit der in dem äußeren Betriebsdienste anzustellenden Bediensteten,

4. die Wahrung der Interessen des öffentlichen Verkehrs.

Zu § 4.

1. Die erste Alinea der Regierungsvorlage lautete: „die polizeiliche Genehmigung erstreckt sich;" in der Kommission des Abgeordnetenhauses wurden diese Worte durch folgende Sätze ersetzt:

„Die Genehmigung wird auf Grund vorgängiger polizeilicher Prüfung ertheilt. Diese Prüfung beschränkt sich auf."

Es sollte hierdurch zum Ausdruck gebracht werden einmal, daß die polizeiliche Prüfung nach den unter den Nummern 1—4 angegebenen Richtungen hin *nur zum Zwecke der Genehmigung* stattzufinden habe und des Weiteren, daß *andere Gegenstände*, als diejenigen, welche unter diese eine Nummer fallen, *der polizeilichen Prüfung nicht unterliegen* sollten.

2. Auf Grund dieses Paragraphen kann die Polizeibehörde, welche die Genehmigung zu dem Unternehmen zu ertheilen hat, bezüglich der unter den Nummern eins bis vier aufgeführten Gegenständen Bestimmungen in die Genehmigungsurkunde aufnehmen, welchen der Bahnunternehmer beim Bau und Betriebe der Eisenbahn unterworfen sein soll. Siehe unter Anm. 8 letzer Abs. der Ausführungsbestimmungen.

3. Unter den in Nr. 1 angegebenen Betriebsmitteln sind bei Pferdebahnen auch die Pferde zu verstehen.

4. Unter die Nr. 2 Schutz gegen schädliche Einwirkungen der Anlage und des Betriebes, gehören auch die dem Unternehmer zur Sicherung des Telegraphenbetriebes und der Telephonanlagen auferlegten Anlagen — siehe auch § 9.

5. Die unter Nr. 3 erwähnte Prüfung bezüglich der Zuverlässigkeit der im äußern Betriebsdienste angestellten Bediensteten bezieht sich, wie dies bei Einbringung des desfallsigen Abänderungsantrages besonders hervorgehoben wurde, *nur darauf*, ob dieselben mit *Rücksicht auf ihren Dienst*, auf ihre *dienstlichen* Verrichtungen, den Anforderungen der Zuverlässigkeit entsprechen. Siehe Anm. 8 Abs. 4 und 5 der Ausführungsbestimmungen.

6. Gegen die Nr. 4 „Wahrung der Interessen des öffentlichen Verkehrs" erhoben sich sowohl in der Kommission des Abgeordnetenhauses wie auch im Plenum sehr erhebliche Bedenken, und zwar, weil sich unter einem derartigen Begriff alles Mögliche bringen lassen könne. In der Kommission war daher auch der Antrag eingebracht worden, dem § 4 folgenden zweiten Absatz hinzuzufügen:

„Die polizeiliche Prüfung darf sich nicht weiter erstrecken, als dies zur Wahrung der betheiligten öffentlichen Interessen nothwendig ist."

Der Antrag wurde abgelehnt, nachdem der Regierungskommissar folgende Erklärung abgegeben hatte.

„Es sei daran festzuhalten, daß die Prüfung eben nur eine polizeiliche sei. Eine solche könne naturgemäß nur solche Anforderungen stellen, welche aus der Pflicht der Polizei, die öffentlichen Interessen zu wahren, hervorgingen. Es werde durch die Vorlage nichts anderes gefordert, als was heute schon bestehe und selbst dies nicht einmal Alles, denn jetzt wurden z. B. häufig Forderungen über den Anstrich der Pferdebahnwagen, die Pferdedecken u. s. w. gestellt, was Alles außerhalb des Rahmens der jetzigen Vorlage liege. Allerdings könne das, was unter Wahrung der Interessen des öffentlichen Verkehrs gefordert werden müsse, nicht näher präzisirt werden, da das Bedürfniß dieser Interessen in jedem einzelnen Falle geprüft werden müsse."

Auf die Frage eines Kommissionsmitgliedes, ob auf Grund der Nr. 4 dieses Paragraphen besondere Züge für Kinder und Arbeiter vorgeschrieben werden könnten, erwiderte der Regierungs-Kommissar:

„Die Frage, ob solche Züge vorgeschrieben werden könnten, lasse sich in dieser Allgemeinheit nicht beantworten. Es werde im Einzelfalle zu prüfen sein, ob verkehrspolizeiliche oder sonstige polizeiliche Gründe die Einlegung derartiger Sonderzüge bedingen oder nicht. Jedenfalls erstrecke sich die Befugniß aus Nr. 4 aber nicht auf die Einführung von solchen Sonderzügen zu *ermäßigten* Beförderungspreisen."

7. Die Motive äußern sich zu diesem Paragraphen wie folgt:

„Die polizeiliche Prüfung für den Bau wird sich insbesondere auf folgende Punkte zu erstrecken haben:

1. die Bahnlinie mit den Anschlußbahnen im Allgemeinen;
2. die spezielle Anordnung der Bahn nach der Situation (Kurven, Ausweichungen u. s. w.) und dem Längenprofil;
3. die Anordnung und Konstruktion der Spur, auf welcher sich die Transportmittel bewegen sollen (Schienen, Seile, Weichen u. s. w.);
4. die Anordnung und Konstruktion der Unterstützungen (Hochbahnen, Brücken u. s. w.) und von Ueberbrückungen (Wegeüberführungen, Tunnel);
5. die zur Sicherung der angrenzenden Grundbesitzer und öffentlichen Einrichtungen erforderlichen Nebenanlagen, insbesondere auch derjenigen Einrichtungen, welche im Interesse der Vorfluth und zur Sicherung des Telegraphenverkehrs zu treffen sind;
6. soweit öffentliche Wege u. s. w. berührt werden,
   a) die Konstruktion der in Mitleidenschaft gezogenen Theile der Straßen,
   b) die Sicherstellung der Unterhaltung und Wiederherstellung des öffentlichen Weges.

Was den Betrieb betrifft, so werden insbesondere zu prüfen sein:

7. die eigentlichen Transportmittel;
8. alle Maschinen, sowohl die beweglichen als auch die stationären; diese einschließlich der Einrichtungen zur Erzeugung der Kraft und Uebertragung derselben auf die Transportmittel;
9. die Bestimmungen über die Zuverlässigkeit und technische Befähigung des Betriebspersonals;
10. der Fahrplan;
11. der Tarif.

In der Ausführungsanweisung werden Anordnungen darüber zu treffen sein, daß die Prüfung sich nicht weiter erstreckt, als dies zur Wahrung der betheiligten öffentlichen Interessen nothwendig ist, und Alles vermieden wird, was darüber hinaus zu einer Erschwerung der Bahnunternehmungen der hier beregten Art dienen könnte."

8. Die Ausführungsbestimmungen zu diesem Paragraph lauten:

„Die Nummern 1—4 bezeichnen diejenigen Punkte, auf welche sich die polizeiliche Prüfung überhaupt nur erstrecken darf; es ist aber nicht nothwendig, daß alle dort aufgeführten Punkte zum Gegenstande polizeilicher Festsetzung gemacht werden; insbesondere ist es durch die Bestimmungen des § 4 der genehmigenden Behörde keineswegs zur Pflicht gemacht, bezüglich aller dortselbst erwähnten Punkte in den Genehmigungen Vorschriften oder Auflagen oder Vorbehalte zu machen, vielmehr wird in jedem einzelnen Falle zu prüfen sein, ob und wie weit zur Wahrung der betheiligten öffentlichen Interessen Vorschriften zu machen oder Bedingungen zu stellen sein werden.

Ueber das, was nach Lage des einzelnen Falles nach dem pflichtmäßigen Ermessen der Behörde zur Sicherung der betheiligten öffentlichen Interessen nothwendig ist, darf in keinem Falle hinausgegangen werden.

Sofern die von dem Unternehmer beigebrachten Unterlagen seines Gesuches (Pläne vom Bau und Betriebe u. s. w.) die erforderliche Prüfung im einzelnen noch nicht gestatten, kann dieselbe und dementsprechend die Stellung von Bedingungen und Auflagen bis zur Ausführung des Baues und des Betriebes vorbehalten werden.

Was die Bedeutung der Nr. 3 anlangt, so ist zunächst die Bezeichnung „im äußeren Betriebsdienste" enger als das, was in der Eisenbahnverwaltung unter „äußerem Dienste" verstanden wird. Während die letztgedachte Bezeichnung das gesammte mit dem Publikum in Berührung kommende Personal zum Unterschiede von dem Bureaupersonal umfaßt, wird als im äußeren Betriebsdienste stehend nur das Personal zu verstehen sein, welches mit der Beförderung oder Bahnunterhaltung unmittelbar zu thun hat (Lokomotivführer, Heizer, Zugführer, Schaffner, Kutscher, Bahnmeister, das mit der Abfertigung der Züge betraute Personal u. s. w.).

Der Ausdruck „technische" Zuverlässigkeit ist gleichbedeutend mit Zuverlässigkeit in Bezug auf die Berufspflicht.

Endlich wird bei der Genehmigung selbstverständlich nur zu bestimmen sein, ob, inwiefern und in welcher Weise eine vorgängige Prüfung der technischen Befähigung vorzunehmen ist, oder ob, wie dies bei Pferdebahnen angängig sein wird, lediglich die Entfernung technisch nicht befähigter oder nicht zuverlässiger Bediensteten vorzusehen ist.

Die bei der Genehmigung allgemein vorgeschriebene Prüfung wird bezüglich der einzelnen Bediensteten in jedem Falle besonders zu erfolgen haben.

Bedingungen und Vorbehalte, an welche die Genehmigung geknüpft wird, sind stets in die Genehmigungsurkunde selbst aufzunehmen, sodaß aus derselben in Verbindung mit dem Gesetz Maß und Art der dem Unternehmer obliegenden Verpflichtungen mit Sicherheit erhellt."

§. 5.

Dem Antrage auf Ertheilung der Genehmigung sind die zur Beurtheilung des Unternehmens in technischer und finanzieller Hinsicht erforderlichen Unterlagen, insbesondere ein Bauplan, beizufügen.

Zu § 5.

1. Ueber die zur Beurtheilung des Unternehmens in technischer Beziehung zu machenden Unterlagen bestimmt die zu diesem Paragraph erlassene Ausführungsbestimmung:

„Die in technischer Hinsicht beizufügenden Unterlagen haben lediglich den Zweck, die nach § 4 Nr. 1 erforderliche Prüfung zu ermöglichen. Sie sind deshalb auch nur insoweit zu erfordern, als es durch diese Prüfung geboten ist. Welcher Unterlagen es bedarf, kann daher nur im Einzelfalle ermessen werden. In der Regel werden nicht entbehrt werden können:

1. für Bahnen, welche zum Betriebe mit Dampfkraft eingerichtet werden sollen:
   a) ein Lageplan und ein Höhenplan (Nivellementsplan),
   b) Zeichnungen der Brücken und Drehscheiben,
   c) Zeichnungen des Ober-Baues, der Weichen und des Normalquerprofils,
   d) Umgrenzung des lichten Raumes, sowie der größten zulässigen Breiten- und Höhenmaße der Betriebsmittel,
   e) Zeichnungen der Betriebsmittel, insbesondere auch der Bremsvorrichtungen nebst den zur Erläuterung erforderlichen Beschreibungen.
2. Für andere Bahnen:
   a) ein Lageplan,
   b) Zeichnungen der Schienen und Weichen:
   c) } d) } die vorstehend unter d und e aufgeführten Vorlagen.

Die Beibringung eines Höhenplanes wird in der Regel dann nicht entbehrt werden können, wenn die Bahn nicht ausschließlich städtische Straßen benutzt. Ebensowenig die Zeichnung etwa neu anzulegender oder zu verändernder Brücken.

Ob einzelne Zeichnungen durch Beschreibungen ersetzt werden können, bleibt ebenfalls dem Ermessen der genehmigenden Behörde überlassen. Es darf hierbei jedoch die Rücksicht auf das Vorhandensein beweiskräftigen Materials für die Gestalt und die Beschaffenheit der genehmigenden Anlagen nicht aus dem Auge gelassen werden."

2. Unterlagen in finanzieller Hinsicht. Znr Vermeidung nicht unbedingt nothwendiger Einwirkung der Staatsbehörden hat das Gesetz sowohl von einer staatlichen Prüfung der Bedürfnißfrage als von einer solchen der finanziellen Sicherheit des Unternehmens im Einzelnen abgesehen. Ein in der Kommission gestellter Antrag dieser Absicht des Gesetzes entgegen, eine Prüfung der finanziellen Seite des Unternehmens möglichst eingehend stattfinden zu lassen, wurde abgelehnt. Die Prüfung der finanziellen Unterlagen des Unternehmens hat sich daher nur auf die Sicherstellung der vollständigen und gesetzmäßigen

§. 6.

Soweit ein öffentlicher Weg benutzt werden soll, hat der Unternehmer die Zustimmung der aus Gründen des öffentlichen Rechtes zur Unterhaltung des Weges Verpflichteten beizubringen.

Der Unternehmer ist mangels anderweitiger Vereinbarung zur Unterhaltung und Wiederherstellung des benutzten Wegetheiles verpflichtet und hat für diese Verpflichtung Sicherheit zu bestellen.

Die Unterhaltungspflichtigen (Absatz 1) können für die Benutzung des Weges ein angemessenes Entgelt beanspruchen, ingleichen sich den Erwerb der Bahn im Ganzen nach Ablauf einer bestimmten Frist gegen angemessene Schadloshaltung des Unternehmers vorbehalten.

Aufbringung der zur anschlagmäßigen Ausführung erforderlichen Geldmittel zu beschränken. Es ist dies nothwendig, damit ein einmal begonnenes Unternehmen nicht aus Mangel an Mitteln unvollendet bleibt. Die Finanziirung des Unternehmens bleibt, soweit dabei nur jene Sicherstellung nicht in Frage gestellt ist, dem Unternehmer vollständig überlassen.

Ueber diese Unterlagen besagen die Ausführungsbestimmungen:

„In finanzieller Beziehung gilt es zu prüfen, ob der Unternehmer die Mittel znr Herstellung der Bahn besitzt oder in zuverlässiger und gesetzlich zulässiger Weise beschaffen werde und ob dieselben zur plan- und anschlagsmäßigen Vollendung und Ausrüstung der Bahn genügen. Das letztere kann nur auf Grund eines Kostenanschlages geprüft werden, welcher daher in der Regel zu erfordern ist. In welcher Weise die genehmigende Behörde sich die Ueberzeugung von dem Vorhandensein oder der Möglichkeit der Beschaffung des Anlagekapitals verschaffen will, bleibt ihrem pflichtmäßigen Ermessen überlassen."

Zu § 6.

1. Oeffentlicher Weg. Eine erschöpfende und alle Unterscheidungsmerkmale enthaltende Begriffsbestimmung der „öffentlichen Wege" ist schwer zu finden. Die in dem Hannoverschen Gesetze über Gemeindewege und Landstraßen vom 28. Juli 1851 enthaltene Definition, welche auch in die Wegeordnung für die Provinz Sachsen vom 11. Juli 1891 Aufnahme gefunden hat und welche lautet:

„Oeffentliche Wege sind solche, welche zu allgemeinem Gebrauche dienen und demselben nicht kraft Privatrechts entzogen werden können."

ist ebenfalls juristisch nicht erschöpfend und eher eine Umschreibung als eine Begriffsbestimmung. Die Entscheidung, ob ein Weg als ein öffentlicher anzuerkennen ist, liegt auf thatsächlichem Gebiete und ist nach den konkreten Umständen des einzelnen Falles zu treffen. Die Oeffentlichkeit eines Weges wird dadurch nicht aufgehoben, daß der Grund und Boden, über welchen der Weg führt, sich im Privateigenthum befindet, oder daß die Benutzung vorübergehend, z. B. durch Umpflügen erschwert wird. Nach dem Träger der Unterhaltungspflicht unterscheidet man Provinzialstraßen, Kreisstraßen und Gemeindewege. Diese Dreitheilung ist mit einigen Modifikationen den meisten Provinzen eigenthümlich. Es lassen sich jedoch nicht alle Wege unter diese Kategorien subsumiren, da durch eine Reihe von Spezialgesetzen die Wegebaulast, theils anderweit aus besonderen Rechtsgründen Verpflichteten obliegt, cf. das Wegerecht und die Wegeverwaltung in Preußen von A. Germershausen, § 11, 14, 15 und 18—21 sowie Graf Hue de Grais Handbuch der Verfassung und Verwaltung VIII. Aufl. § 368.

2. Daß außer der Zustimmung der Wegeunterhaltungspflichtigen auch die Zustimmung der Eigenthümer einer Straße zur Benutzung derselben für Kleinbahnen nothwendig ist, entspricht dem geltenden Rechte und der Natur der Sache so sehr, daß eine desfallsige Bestimmnng in das Gesetz nicht erst aufgenommen zu werden brauchte.

3. Soweit. Dies Wort soll die räumliche Begrenzung des Weges zum Ausdruck bringen.

4. Die Verpflichtung des Unternehmers zur Unterhaltung des durch die Bahn benutzten Wegetheiles während Bestehens des Unternehmens und zur Wiederherstellung dieses Wegetheiles nach Aufhören des Unternehmens ist eine gesetzliche, wofür der Unternehmer Sicherheit zu leisten hat. Diese Sicherheitsleistung ist, da sie dazu dient, die Interessen des öffentlichen Verkehrs bezüglich der Unterhaltung des Weges sicher zu stellen, auch dann zu leisten, wenn diese Verpflichtung zur Unterhaltung des benutzten Wegetheiles durch eine zwischen dem Unternehmer und dem Wegeunterhaltungspflichtigen getroffene Vereinbarung, also nicht ex lege, begründet worden ist.

5. Durch Vertrag kann der Unternehmer dem Wegeunterhaltungspflichtigen gegenüber noch weitere Verpflichtungen übernehmen, diese Verpflichtungen finden keineswegs ihre Begrenzung durch den Abs. 3 dieses Paragraphen. Es ist nämlich nicht ausgeschlossen, daß der Unternehmer dem Wegeunterhaltungspflichtigen gegenüber besondere Verpflichtungen über die Gestaltung des Fahrplanes und Normirung der Beförderungspreise übernimmt. Vereinbarungen dieser Art können nur nicht den nach § 14 im öffentlichen Interesse von der Behörde zu treffenden Festsetzungen derogiren, vielmehr nur innerhalb der durch diese gezogenen Schranken Platz greifen. Bezüglich der Beförderungspreise, für welche nur Maximalsätze festzustellen sind, wird daher ganz besonders für eine vertragliche Einwirkung der Straßenbesitzer ein weiter Spielraum gegeben sein.

6. Der Wegeunterhaltungspflichtige, sei es nun eine einzelne Gemeinde, oder ein höherer Kommunalverband, kann den Erwerb nur eines solchen Unternehmens beanspruchen, welches andere als die von der Gemeinde oder dem größeren Kommunalverbande zu unterhaltende öffentliche Wege nicht benutzt. Sind mehrere Gemeinden oder größere Kommunalverbände an der Unterhaltung der von einem Bahnunternehmen benutzten Wege betheiligt, so steht keinem derselben für sich der Anspruch auf Erwerb der Bahn zu, wohl aber

§. 7.

Die Zustimmung der Unterhaltungspflichtigen kann ergänzt werden:

soweit eine Provinz oder ein den Provinzen gleichstehender Kommunalverband betheiligt ist, durch Beschluß des Provinzialrathes, wogegen die Beschwerde an den Minister der öffentlichen Arbeiten zulässig ist;

soweit eine Stadtgemeinde oder ein Kreis betheiligt ist, oder es sich um einen mehrere Kreise berührenden Weg handelt, durch Beschluß des Bezirksausschusses, im Uebrigen durch Beschluß des Kreisausschusses.

Durch den Ergänzungsbeschluß wird unter Ausschluß des Rechtsweges zugleich über die nach §. 6 an den Unternehmer gestellten Ansprüche entschieden.

---

ihrer Gesammtheit gegenüber dem ganzen Unternehmen. Dagegen kann der Wegeunterhaltungspflichtige sich den Erwerb einer solchen Bahn sichern, welche sich in ihrer ganzen Ausdehnung nur auf einem von ihr zu unterhaltenden Wege und einem ihr zugehörigen Terrain befindet.

Zu § 7.

1. Es kann ergänzt werden die Zustimmung nur derjenigen Unterhaltungspflichtigen, welche aus Gründen des öffentlichen Rechtes zur Unterhaltung der Wege verpflichtet sind. Die Ausnahmefälle, in welchen auf Grund eines privatrechtlichen Titels für Jemanden die Verpflichtung zur Unterhaltung des öffentlichen Weges besteht, oder in welchen Eigenthums- oder sonstige Privatrechte an dem öffentlichen Wege einem Anderen als dem aus Gründen des öffentlichen Rechtes zu dessen Unterhaltung Verpflichteten zustehen, werden durch die Vorlage nicht berührt; in diesen Fällen ist nur eine gütliche Vereinbarung möglich; die Zustimmung dieser Berechtigten bezw. Verpflichteten kann nicht erzwungen werden.

2. Ueber die Rechtsmittel, welche gegen die Beschlüsse des Bezirksausschusses und des Kreisausschusses zulässig sind, vergleiche § 52.

3. Bei der 2. Lesung entstand zwischen dem Regierungsvertreter und einem Abgeordneten eine Kontroverse darüber, ob nach al. 2 der Provinzialausschuß bezw. Bezirks- oder Kreisausschuß unter Umständen auch über die Art und Höhe der für die Wiederherstellung des benutzten Wegetheiles zu stellenden Sicherheit zu entscheiden haben werde.

Diese Frage kam bei der Berathung des Gesetzes nicht zur Entscheidung, sie muß meines Erachtens bejaht werden.

§. 8.

Vor Ertheilung der Genehmigung ist die zuständige Wegepolizeibehörde und, wenn die Eisenbahnanlage sich dem Bereiche einer Festung nähert, die zuständige Festungsbehörde zu hören. In diesem Falle darf die Genehmigung nur im Einverständniß mit der Festungsbehörde ertheilt werden.

Wenn die Bahn sich dem Bereiche einer Reichstelegraphenanlage nähert, so ist die zuständige Telegraphenbehörde vor der Genehmigung zu hören.

Soll das Gleis einer dem Gesetze über die Eisenbahnunternehmungen vom 3. November 1838 unterworfenen Eisenbahn ge-

---

Nach **al.** 2 soll in dem Ergänzungsbeschluß zugleich über die nach § 6 an den Unternehmer gestellten Ansprüche entschieden werden. Nach § 6 **al.** 2 kann zwischen dem Unternehmer und dem Unterhaltungspflichtigen auch eine Vereinbarung über die Unterhaltung und Wiederherstellung des benutzten Wegetheiles sowie die hierfür zu leistende Sicherheit getroffen werden; es muß daher dem Wegeunterhaltungspflichtigen freistehen, bestimmt formulirte Anträge bezüglich der Art und der Höhe der zu fordernden Sicherheit zu stellen und von dem Eingehen auf diese Anträge von Seiten des Unterhaltungspflichtigen die Zustimmung zur Benutzung des Weges abhängig machen. Geht der Unternehmer auf diese Anträge nicht ein, so muß die Zustimmung des Wegeunterhaltungspflichtigen ergänzt werden. In dem desfallsigen Beschlusse ist aber nach § 7 **al.** 2 zugleich über die nach § 6 an den Unternehmer gestellten Ansprüche zu entscheiden und diese Ansprüche bestehen in diesem Falle in der Stellung einer nach Art und Höhe bestimmt beanspruchten Sicherheit.

Würde indes die Art und Höhe der für die Unterhaltung und Wiederherstellung des benutzten Wegetheiles zu stellenden Sicherheit kein Gegenstand des Streites zwischen dem Unternehmer und dem Unterhaltungspflichtigen sein und zwar in der Weise, daß hierüber ein Austausch der gegenseitigen Ansichten gar nicht stattgefunden hat, so würde die Vorschrift des § 11 Platz greifen, worin es heißt, daß bei der Genehmigung die Art und Höhe der Sicherstellung vorzuschreiben sei. Vgl. die stenographischen Berichte des Abgeordnetenhauses, Sitzung vom 13. Juni 1892 Seite 1988 ff.

4. Die Ausführungsbestimmungen besagen zu diesem Paragraphen Folgendes:

„Die Ergänzung der Zustimmung des Unterhaltungspflichtigen ist ganz in das pflichtgemäße Ermessen der zuständigen Behörde gestellt. Die Prüfung der letzteren ist daher keineswegs auf die Angemessenheit der von dem ersteren erhobenen Forderungen beschränkt, hat sich vielmehr auch darauf zu erstrecken, ob nach Lage des Falls ausreichender Anlaß vorliegt, zwangsweise in das Verfügungsrecht des Unterhaltungspflichtigen einzugreifen. Daß dabei auch die Leistungsfähigkeit und Zuverlässigkeit des Unternehmens in Betracht kommen muß, bedarf der Erwähnung nicht.

kreuzt werden, so darf auch in den Fällen, in denen die Eisenbahnbehörde im Uebrigen nicht mitwirkt (§. 3), die Genehmigung nur im Einverständniß mit der letzteren ertheilt werden.

Zu § 8.

1. Die Wegepolizei wird von den allgemeinen Polizeibehörden, in der Centralinstanz von dem Minister der öffentlichen Arbeiten ausgeübt; wer diese Behörden sind, ist in den Anmerkungen zu § 3 genau angegeben. Nur eine Ausnahme besteht, die Wegepolizei über die Kunststraßen steht dem Regierungs-Präsidenten zu (cf. § 56 des Zuständigkeits-Gesetzes und Endurtel des I. Senats des Oberverwaltungsgerichts vom 3. Septbr. 1884 Bd. XI, S. 205).

2. Der Wegepolizeibehörde soll durch die obige Vorschrift Gelegenheit gegeben werden, sich über die Benutzung der Straße und die dafür zu stellenden Bedingungen zu äußern.

3. Die Interessen der Landesvertheidigung werden unter Anderen auch dann von der Anlegung einer Kleinbahn berührt, wenn diese sich dem Bereich einer Festung nähert. Es ist daher nothwendig, in solchen Fällen der Festungsbehörde insoweit eine entscheidende Mitwirkung bei der Ertheilung der Genehmigung einzuräumen, daß die Genehmigung nur im Einverständniß mit ihr erfolgen kann (cf. Motive). Wann eine Kleinbahn sich dem Bereich einer Festung nähert, läßt sich nicht genau festlegen, es ist dies eine rein thatsächliche Frage; jedenfalls wird der genehmigenden Behörde anzuempfehlen sein, das größtmöglichste Entgegenkommen nach der Richtung hin der Festungsbehörde zu beweisen, daß sie in allen Zweifelsfällen deren Genehmigung zur Anlage der Eisenbahn einholt.

4. Während die Festungsbehörde ihr Einverständniß zu der Anlage geben muß, braucht nach dem Wortlaut des Gesetzes die Reichstelegraphenbehörde, welche durch den Ober-Postdirektor des betreffenden Bezirks repräsentirt wird, vor der Genehmigung an sich nur gehört zu werden; dabei wird es der Bedeutung der hier in Rede stehenden Interessen des öffentlichen Verkehrs entsprechen, wenn die genehmigende Behörde sich nicht auf eine vorgängige Anhörung der Telegraphenbehörde beschränkt, sondern ihr auch eine Mitwirkung bei Festsetzung der zur Sicherung des Telegraphenverkehrs ererforderlichen Maßnahmen einräumt.

5. In der Kommission wurde der Antrag gestellt, dem Absatz 2 folgende Fassung zu geben:

„Wenn die Bahn sich dem Bereich einer Reichstelegraphenanlage derart nähert, daß dieselbe dadurch gefährdet wird, so ist . . . .“

Der Antrag wurde damit begründet, daß mit dieser Fassung eine nach dem Wortlaute der Regierungsvorlage sonst mögliche Vexation seitens der Telegraphenbehörde vermieden werde. Der Antrag wurde wieder zurückgezogen, nachdem seitens eines Regierungskommissars folgende Erklärung abgegeben worden war:

§. 9.

Außer den durch die polizeilichen Rücksichten (§. 4) gebotenen Verpflichtungen sind in der Genehmigung zugleich diejenigen zu bestimmen, welchen der Unternehmer im Interesse der Landesvertheidigung und der Reichs-Postverwaltung in Gemäßheit des §. 42 zu genügen hat.

„Die Bestimmung, daß die Telegraphenverwaltung im Falle des Abs. 2 des § 7 vor der Genehmigung gehört werden solle, sei getroffen worden, um dem Unternehmer nicht nachträglich noch Schwierigkeiten zu bereiten. Da die schädliche Einwirkung auf eine Telegraphenanlage besonders, wo es sich um unterirdische Leitungen handle, häufig von dem Unternehmer nicht im Voraus übersehen werden und nur von den technischen Kräften der Telegraphenbehörde richtig erwogen werden könnte."

Bei der Berathung des § 9 erklärte derselbe Regierungskommmissar noch, daß für die Telegraphenverwaltung weitergehende Rechte als zur Sicherung des Telegraphenbetriebes und der Telegraphenanlagen erforderlich seien, nicht in Anspruch genommen werden sollten.

Die Genehmigung der Telegraphenbehörde wird hiernach nicht nothwendig sein, wenn eine Kleinbahn an einer überirdischen Telegraphenanlage lediglich vorübergeführt wird.

6. Die Kreuzung im Sinne des Abs. 3 umfaßt sowohl den Fall der Kreuzung einer bestehenden Eisenbahn durch eine Kleinbahn in ihrem Niveau, wie auch die Fälle der Ueberführung oder Unterführung der letzteren mittelst einer Brücke oder eines Tunnels. (cf. Kommissionsbericht.)

7. Vergl. noch die in der Anm. 3 zu § 9 wiedergegebenen Bestimmungen der Ausführungsanweisung zu den §§ 8 u. 9.

Zu § 9.

1. Zu diesem Paragraphen führen die Motive folgendes aus:

„Die Interessen der Landesvertheidigung werden, abgesehen von den im § 8 berührten Fällen, durch die Anlegung und den Betrieb der hier in Rede stehenden Art hauptsächlich berührt, sobald sie

a) dem öffentlichen Verkehr dienen und mit Maschinenkraft betrieben werden,
b) in den Grenzdistrikten liegen, sobald sie mit Maschinenkraft oder mit Pferden betrieben werden und mit Eisenbahnen, schiffbaren Wasserstraßen oder Kanälen in Verbindung treten oder leicht in Verbindung gebracht werden können."

„Es empfiehlt sich indeß aus praktischen Gründen nicht, die Grundsätze, nach welchen die genehmigende Behörde behufs Wahrung der Interessen der Landesvertheidigung verfahren soll, in dem Gesetz selbst anzugeben. Diese Grundsätze werden vielmehr zweckmäßig in der Ausführungsanweisung festzustellen und dabei zugleich nähere Anordnung darüber zu treffen sein, inwieweit zur Sicherstellung derselben vor Ertheilung der Genehmigung

§. 10.

Bei der Genehmigung von Bahnen, auf welchen die Beförderung von Gütern stattfinden soll, kann vorbehalten werden, den Unternehmer jederzeit zur Gestattung der Einführung von Anschlußgleisen für den Privatverkehr anzuhalten. Art und Ort der Einführung unterliegt der Genehmigung der eisenbahntechnischen Aufsichtsbehörde.

Die Behörde (§. 3) hat mangels gütlicher Vereinbarung der Interessenten auch die Verhältnisse des Bahnunternehmens und des den Anschluß Beantragenden zu einander zu regeln, insbesondere die dem Ersteren für die Benutzung oder Veränderung seiner Anlagen zu leistende Vergütung vorbehaltlich des Rechtsweges festzusetzen.

---

eine Mitwirkung der Militärbehörde stattzufinden haben wird. In die Ausführungsanweisung werden endlich auch die Grenzdistrikte, auf welche die Bestimmungen Anwendung finden sollen, fest zu begrenzen sein."

2. Was die Verpflichtungen anlangt, welche der Unternehmer im Interesse der Reichspostverwaltung zu genügen hat, so ist darauf hinzuweisen, daß der § 42 die Anforderungen feststellt, welche die Postverwaltung im Höchstbetrage an die Unternehmer der Kleinbahnen stellen kann. Welche von diesen Anforderungen nun die Postverwaltung im einzelnen Falle stellt, soll nach der Vorschrift dieses Paragraphen in der Genehmigungsurkunde ausgesprochen werden.

Die reichsgesetzlichen Bestimmungen über die der Post gegenüber bestehenden Verpflichtungen der Eisenbahnen beziehen sich nur auf die Voll- und Sekundärbahnen, also diejenigen Bahnen, welche dem Eisenbahngesetz von 1838 unterworfen sind, sie sind daher auf die Kleinbahnen nicht ohne Weiteres anwendbar.

3. Die Ausführungsanweisung zu diesem und dem § 8 lautet:

„Behufs Sicherung der Interessen der Reichs-Post- und Telegraphenverwaltung (§ 8 Abs. 2 und § 9) ist mit der zuständigen Kaiserlichen Ober-Postdirektion in Verbindung zu treten.

Die Anweisung betreffs der dem Unternehmer im Interesse der Landesvertheidigung aufzuerlegenden Verpflichtungen (§ 8 Abs. 1 und § 9) bleibt besonderer Verfügung vorbehalten."

Zu § 10.

1. Der Unternehmer einer Kleinbahn ist zur Gestattung der Einführung von Anschlußgeleisen für den Privatverkehr nur dann verpflichtet, wenn ihm diese Verpflichtung in der Genehmigungsurkunde ausdrücklich auferlegt ist. Dagegen muß der Unternehmer sich den Anschluß einer jeden anderen Bahn, also auch einer Kleinbahn, gefallen lassen, cfr. § 28.

In der Kommission waren zwei Anträge gestellt worden, welche bezweckten, die im Gesetze nur gegebene Möglichkeit, den Unternehmer zur Gestattung von

Anschlußgeleisen für den Privatverkehr anzuhalten, obligatorisch festzulegen. Diese Anträge wurden abgelehnt, nachdem seitens der Regierung erklärt worden war, daß es im Interesse eines genehmigten Unternehmens entschieden wünschenswerth sei, dasselbe gegen unbefugte Konkurrenz zu schützen, wobei es sich nicht allein um die Konkurrenz im Eisenbahnverkehr, sondern auch um die durch dieselbe bedingte Konkurrenz des geschäftlichen Verkehrs handle, denn auch hierfür bedürfe derjenige, welcher im Interesse desselben zuerst ein Unternehmen ins Leben gerufen habe, eines gewissen Schutzes.

2. Eine Vereinbarung über die Gestattung der Einführung von Anschlußgeleisen ist durch die Vorschrift des Paragraphen nicht ausgeschlossen. Aber auch im Falle einer diesbezüglichen Vereinbarung steht die Entscheidung über die Art und den Ort der Einführung der eisenbahntechnischen Aufsichtsbehörde zu.

3. Für den Fall, daß dem Unternehmer die Verpflichtung zur Gestattung eines Anschlußgeleises auferlegt ist, und eine Vereinbarung zwischen dem Unternehmer der Kleinbahn und demjenigen, welchem gegenüber jene Verpflichtung des Unternehmers besteht, über die Art und den Ort der Einführung des Anschlußgeleises sowie über die dem Unternehmer zu leistende Vergütung nicht zustande kommt, so hat die im § 3 bezeichnete Behörde über diese Streitpunkte zu entscheiden, vorbehaltlich des Rechtsweges über die Höhe der dem Unternehmer der Kleinbahn zu leistende Vergütung bezw. Entschädigung für den bewerkstelligten Anschluß. Die Motive sagen in dieser Beziehung: „Da dem Bahnunternehmer nur die Verpflichtung zur Duldung des Anschlusses auferlegt wird, ist er nicht gehalten, seinerseits Aufwendungen zu diesem Zwecke zu machen, die Herstellung des Anschlusses ist aber nicht möglich ohne eine Benutzung seines Grundeigenthums durch den Unternehmer des Anschlußgeleises und eine Aenderung seiner Bahnanlage. Selbstredend gebührt ihm in ersterer Beziehung eine entsprechende Vergütung, in letzterer eine angemessene Entschädigung. Es würde unbillig sein, ihn in Ermangelung einer gütlichen Vereinbarung ohne Weiteres auf den Rechtsweg zu verweisen und sieht der § 10 deshalb die Ermächtigung der Behörde, welche die Genehmigung nach § 3 zu ertheilen hat, vor, auch hierüber, jedoch vorbehaltlich des Rechtsweges, Entscheidung zu treffen.

4. Was unter Gestattung des Anschlusses zu verstehen ist, siehe Anm. 2 zu § 28.

5. Ueber die Voraussetzungen, unter denen der in diesem Paragraphen vorgesehene Vorbehalt zur Gestattung von Privatanschlußbahnen dem Unternehmer gegenüber gemacht werden soll, spricht sich die Ausführungsanweisung wie folgt aus:

„Der Bestimmungszweck der dem Güterverkehr dienenden Kleinbahnen und das hierbei betheiligte öffentliche Interesse werden nur dann in vollem Umfange gewahrt, wenn den Absendern und Empfängern erheblicher Gütermengen die Möglichkeit der Anlage von Anschlußgeleisen zur erleichterten Anbringung und Abholung ihrer Frachtgüter gegeben ist.

Der Vorbehalt der Verpflichtung der Unternehmer von Kleinbahnen, auf welchen Güterverkehr stattfinden soll, zur Gestattung von Privatanschlußbahnen bei der Genehmigung muß daher die Regel bilden. Nur aus ganz besonderen

§. 11.

Bei der Genehmigung ist die Art und Höhe der Sicherstellung für die Unterhaltung und Wiederherstellung öffentlicher Wege, soweit diese nicht bereits erfolgt ist, vorzuschreiben.

Für die Ausführung der Bahn und für die Eröffnung des Betriebes kann eine Frist festgesetzt und die Erlegung von Geldstrafen für den Fall der Nichteinhaltung derselben, sowie Sicherheitsstellung hierfür gefordert werden.

Auch können Geldstrafen und Sicherheitsstellung zur Sicherung der Aufrechterhaltung des ordnungsmäßigen Betriebes während der Dauer der Genehmigung vorgesehen werden.

Gründen erscheint es gerechtfertigt, davon Abstand zu nehmen, wie z. B. für solche Bahnen, welche, ohne mit dem Enteignungsrechte oder dem Rechte zur Benutzung öffentlicher Wege ausgestattet zu sein, vornehmlich Privatzwecken des Unternehmers, zugleich aber auch nebenbei dem öffentlichen Verkehr zu dienen bestimmt sind."

Zu § 11.

1. Die Verpflichtung des Unternehmers zur Sicherstellung für die Unterhaltung und Wiederherstellung des durch die Bahn benutzten Wegetheiles ist, wie in Anm. 4 zu § 6 ausgeführt, eine gesetzliche, diese Sicherstellung ist daher stets zu leisten, wo jene Verpflichtung besteht. Soweit diese Sicherstellung bis zur Ertheilung der Genehmigung noch nicht erfolgt ist, muß die Art und Höhe der Sicherstellung bei der Genehmigung, d. i. in der Genehmigungsurkunde vorgeschrieben werden. Die Fälle, in denen die Sicherstellung bereits vor Ertheilung der Genehmigung erfolgt ist, werden sehr selten sein, — nachdem der Abs. 4 des § 6 der Regierungsvorlage — des jetzigen § 7 — durch das Plenum des Abgeordnetenhaus abgelehnt worden ist, welcher lautete:

„Bei dem Antrage auf Ergänzung der Zustimmung ist der Nachweis der erfolgten Sicherstellung der Unterhaltung und Wiederherstellung des Weges beizubringen."

Im § 15 des Gesetzes ist nur die Aushändigung der Genehmigungsurkunde von der vorausgegangenen Sicherstellung abhängig gemacht.

2. In der Kommission des Abgeordnetenhauses war der Antrag gestellt worden, den Abs. 1 dieses Paragraphen zu streichen und zur Begründung angeführt worden, daß nach den Bestimmungen der §§ 6 und 16 jener Absatz unnöthig erscheine. Seitens des Regierungskommissars wurde darauf erwidert, daß die Aufrechterhaltung des Abs. 1 um deswillen nothwendig erscheine, weil sonst die Bezeichnung der Behörde fehle, welche die Höhe der Summe der Sicherheitsleistung zu bestimmen habe. Jener Antrag wurde darauf zurückgezogen.

Anknüpfend an die letzte Aeußerung des Regierungskommissars fügte die Kommission an dieser Stelle noch in das Gesetz ein, daß neben der Höhe auch über die Art der Sicherheitsstellung Anordnung zu treffen sei.

---

3. Unter Art der Sicherheitsstellung sind die Mittel zu verstehen, durch welche die Sicherheit zu bestellen ist. Eine Aufzählung dieser Mittel enthält das Gesetz nicht, die Sicherheitsleistung wird bestehen können in baarem Gelde, in Werthpapieren, in einer Pfandbestellung oder in einer Bürgschaft geeigneter Personen; worin im einzelnen Falle die Sicherstellung zu erfolgen hat, wird auch bei der Genehmigung vorzuschreiben sein.

4. Daß nicht eine einzige Gesammtfrist gemeint ist, welche die Ausführung der Bahn nebst der Eröffnung des Betriebes umschließen würde, ergiebt sich, abgesehen davon, daß der Wortlaut dies nicht verlangt, ganz klar aus § 24 („die für die Ausführung der Bahn oder die fristgemäße Eröffnung.")

Zugelassen sind vielmehr zwei Fristen, nämlich:

a) für die Ausführung der Bahn, d. i. die Herstellung des Bahnkörpers, der Geleisanlagen, sowie der für den Betrieb erforderlichen Einrichtungen, auch den Empfangsgebäuden und anderen Bauwerken. Dagegen gehört dazu nicht die Anschaffung der beweglichen Gegenstände, des rollenden Materials, der sonstigen Geräthschaften und Mobiliareinrichtung u. s. w., welches alles unter die „Betriebseinrichtung" zu rechnen ist; ebensowenig die Beschaffung der Menschenkräfte für die Verwaltung und den Betrieb.

Für die Betriebseinrichtung, welche naturgemäß der Betriebseröffnung vorangeht, ist keine Fristbestimmung zugelassen, sondern

b) nur für die Betriebseröffnung selbst. Dabei kommt in Betracht, daß diese Eröffnung auch noch die in § 19 vorgeschriebene besondere Erlaubniß zur Eröffnung voraussetzt; und diese Erlaubniß wird selbstverständlich von der Behörde erst nach vorgängiger Prüfung der Bauausführung und aller ihrer Prüfung unterliegenden Einrichtungen ertheilt. Um daher den Betrieb fristgemäß eröffnen zu können, wird die Vollendung alles dessen, was dem Unternehmer dazu obliegt, je nach den Umständen etwas zeitiger bewirkt sein müssen, damit in der noch überschießenden Zeit die Erlaubniß beschafft werden kann.

5. Die vorerwähnten beiden Fristen können nicht anders als „bei der Genehmigung" (nach § 2) angeordnet werden. Eine Schmälerung derselben oder, falls bei der Genehmigung solche Fristen nicht angeordnet sind, eine nachträgliche Anordnung derselben kennt das Gesetz nicht. Diese Fristen sind nämlich nach dem Gesetz nicht nothwendig, sondern nur zulässig („kann"). Durch die Genehmigung ohne Fristbestimmung erlangt also der Unternehmer ein entsprechend freies, — mit der Fristbestimmung ein genau beschränktes Recht, das ihm nachträglich wider seinen Willen nicht oder nicht weiter beschränkt werden kann. Der nach § 13 gesetzlich bestimmte Vorbehalt für die ertheilte Genehmigung kommt für die Fristanordnung nicht in Betracht, bezieht sich vielmehr ausdrücklich nur auf diejenigen Ergänzungen und Abänderungen, welche durch die Feststellung des Bauplanes gemäß der §§ 17 und 18 bedingt sind.

Dagegen können die Fristen (zu Gunsten des Unternehmers) nachträglich verlängert werden. (Vgl. Schluß des § 23.)

6. Andere Fristen als die beiden unter ad 1 und 2 erwähnten sind nach dem Gesetz unzulässig; also darf keine Frist für den Beginn der Bau-

ausführung oder für einzelne Stufen derselben vorgeschrieben werden. In der 2. Berathung des Gesetzes sind die auf Zulassung solcher anderen Fristen gestellten Anträge vom Abgeordnetenhause in Uebereinstimmung mit den Anschauungen der Regierung direkt abgelehnt worden.

Es soll aber schon hier bemerkt werden, daß wenn auch der Beginn der Bauausführung durch keine Frist festgelegt werden kann, doch die regelmäßige Fortführung des einmal thatsächlich begonnenen Baues durch die Bestimmung im § 24 gesichert wird. (Siehe auch bei § 24 die Anm.)

7. Die Sicherstellung bezieht sich hier wie im Absatz 3 nur auf die Erlegung der Geldstrafen.

Auch von diesen Geldstrafen und deren Sicherstellung gilt, hier wie im Absatz 3, daß sie nicht angeordnet werden müssen, sondern können, und zwar nur bei der Genehmigung. Gleichwohl wird nicht ausgeschlossen sein, daß, wenn solche Anordnungen in der ursprünglichen Genehmigung fehlen oder nicht ausreichend erscheinen, die Behörde sie bei einer Fristverlängerung neu anordnen oder verbessern kann, denn in der Fristverlängerung wird in gewissem Sinne die Genehmigung wiederholt, und dies kann selbstverständlich auch unter anderen als den ursprünglichen Bedingungen geschehen.

Die Geldstrafen verfallen ohne Rücksicht auf ein Verschulden des Unternehmers durch die einfache Ueberschreitung der Frist; „es sind nicht Strafen rechtlicher Natur, sondern nur ein Korrelat der Betriebspflicht.“ (Ausführung des Regierungskommissars laut Kommissions-Bericht des Abgeordnetenhauses S. 25.)

Ein Erlaß der Geldstrafen aus Billigkeitsgründen findet in Anwendung des § 11 nicht statt. Ueber die Höhe der im Abs. 2 und 3 erwähnten Geldstrafen enthält der zweite Absatz der in der Anm. 10 wiedergegebenen Ausführungsanweisung besondere Bestimmungen.

8. Neben den Geldstrafen in § 11 droht dem Unternehmer für die Fristverletzung auch noch das Erlöschen der Genehmigung nach § 23 und für die Unterbrechungen des Betriebes oder des Baues die Zurücknahme der Genehmigung nach § 24/25.

9. Uebrigens finden die zugelassenen Rechtsmittel statt — cf. § 52 — so gut gegen die Anordnung der Fristen und Geldstrafen überhaupt, als gegen die Bemessung derselben und demnächst beim Verfall über die etwa streitige Ueberschreitung der Fristen.

10. Die Ausführungsbestimmungen zu diesem Paragraph lauten:

„Ebenso wird bei der Genehmigung von Kleinbahnen jeglicher Art dem Unternehmer die Verpflichtung zur Ausführung der Bahn und zur Aufrechterhaltung des ordnungsmäßigen Betriebes während der Dauer der Genehmigung auferlegt werden müssen, sofern nach der Ansicht der genehmigenden Behörde nicht etwa die Bahn für das öffentliche Verkehrsinteresse ohne Werth sein sollte. Diese Annahme wird namentlich in den am Schlusse der Anweisung zu § 10 bezeichneten Fällen Platz greifen können. Zweifel in dieser Richtung können aber auch in Betreff solcher Bahnen entstehen, wie z. B. Drahtseilbahnen nach Aussichtspunkten lediglich Vergnügungszwecken dienen,

§. 12.

Der nach den Bestimmungen dieses Gesetzes erforderlichen Sicherstellung bedarf es nicht, wenn das Reich, der Staat oder ein Kommunalverband Unternehmer ist.

§. 13.

Die Genehmigung kann dauernd oder auf Zeit ertheilt werden. Sie erfolgt unter dem Vorbehalte der Rechte Dritter, der Ergänzung und Abänderung durch Feststellung des Bauplanes (§§. 17 und 18).

---

und ohne Hilfe des Enteignungsrechts und ohne Benutzung öffentlicher Wege hergestellt werdeu sollen. In derartigen Fällen ist daher sorgfältig zu erwägen, ob die öffentlichen Interessen den Vorbehalt der Bau- und Betriebspflicht erheischen.

Die Höhe der in dem Abs. 2 und 3 erwähnten Geldstrafen ist nach dem Grade, in welchem das öffentliche Interesse an dem Bestande und Betriebe der Bahn betheiligt ist, zu bemessen. Die Bemessung erfolgt zweckmäßig nach bestimmten Prozenten des Anlagekapitals. Eine Geldstrafe im Betrage von 10 % des Anlagekapitals ist als die äußerste Grenze anzusehen, deren Ueberschreitung selbst durch erhebliche öffentliche Interessen nicht gerechtfertigt wird."

Zu § 12.

1. Die Motive sagen hierzu:

„Das Reich, der Staat und die Kommunalverbände gewähren sowohl in Bezug auf die Sicherung gegen Zahlungsunfähigkeit des Unternehmers, als in Bezug auf die Sicherstellung der betheiligten öffentlichen Interessen eine ungleich bessere Gewähr, als Unternehmer, welche wesentlich Zwecke des Erwerbes verfolgen. Es ist aus diesem Grunde gerechtfertigt, ihnen gegenüber von der vorgängigen Forderung die Sicherheitsbestellung ganz abzusehen."

2. Die Bestimmung dieses Paragraphen trifft nicht schon dann zu, wenn beispielsweise eine Gemeinde bei einer Bahn betheiligt ist, sie muß vielmehr die Trägerin des Bahnunternehmens und damit auch die Trägerin der Verpflichtung zur Sicherstellung nach Außen sein.

Zu § 13.

1. Bei der Bestimmung der Zeitdauer des Unternehmens ist die Genehmigung an keine Grenzen gebunden, sie kann dauernd oder nur auf eine beschränkte Zeit ertheilt werden. Die Ausführungsanweisung bestimmt in dieser Beziehung Folgendes:

„Ob eine Genehmigung dauernd oder auf Zeit zu ertheilen ist, bleibt dem pflichtmäßigen Ermessen der zur Genehmigung zuständigen Behörde freigestellt. Im allgemeinen wird dabei davon auszugehen sein, daß eine Genehmigung ohne zeitliche Begrenzung nicht zu ertheilen ist, wenn öffentliche Wege benutzt werden. Auch bei Anlegung eines eigenen Bahnkörpers ist eine Genehmigung ohne zeitliche Begrenzung in der Regel nicht, vielmehr nur dann zu ertheilen, wenn

§. 14.

Im Interesse des öffentlichen Verkehrs ist bei der Genehmigung (§. 2) durch die zuständige Behörde über den Fahrplan und die Beförderungspreise das Erforderliche festzustellen; zugleich sind die Zeiträume zu bezeichnen, nach deren Ablauf diese Feststellungen geprüft und wiederholt werden müssen.

Von der Feststellung über den Fahrplan kann für einen bei der Genehmigung festzusetzenden Zeitraum abgesehen werden. Dieser Zeitraum kann verlängert werden.

Die Feststellung der Beförderungspreise steht innerhalb eines bei der Genehmigung festzusetzenden Zeitraumes von mindestens 5 Jahren nach der Eröffnung des Bahnbetriebes dem Unternehmer frei. Das alsdann der Behörde zustehende Recht der Genehmigung der Beförderungspreise erstreckt sich lediglich auf den Höchstbetrag derselben. Hierbei ist auf die finanzielle Lage des Unternehmens und auf eine angemessene Verzinsung und Tilgung des Anlagekapitals Rücksicht zu nehmen.

---

die wirthschaftlichen Verhältnisse des Unternehmens es erforderlich erscheinen lassen und öffentliche Interessen nicht entgegenstehen.

Bei Bemessung der Dauer einer zeitlich begrenzten Genehmigung ist außer auf den Zeitpunkt etwaiger Erwerbsrechte (§ 6) darauf zu sehen, daß die Dauer der Genehmigung ausreichend genug bemessen wird, um dem Unternehmen die Möglichkeit der Amortisation des Anlagekapitals zu gewähren."

2. Der im zweiten Satze ausgesprochene Vorbehalt ist streng begrenzt auf den bezeichneten Inhalt; unbeschadet jedoch der anderweit ausdrücklich zugelassenen Vorbehalte, z. B. derjenigen im § 10. Man hat überhaupt davon auszugehen, daß das Gesetz eine erschöpfende Regelung der Genehmigung ihrer Voraussetzungen und Beschränkungen bietet; über diese Absicht läßt, was den Inhalt der Genehmigung betrifft, schon die Fassung der vorhergehenden §§ 9, 10 und 11 keinen Zweifel.

Zu § 14.

1. Die Auflagen, welche im öffentlichen Interesse dem Unternehmer der Kleinbahn in Beziehung auf den Fahrplan und die Beförderungspreise gemacht werden sollen, müssen in der Genehmigungsurkunde angegeben werden. Diese Auflagen finden ihre Beschränkung in den im 2. und 3. Absatz dieses Paragraphen enthaltenen Bestimmungen.

2. Ueber Feststellung der Fahrpläne ist nicht etwa die Feststellung eines genauen Fahrplantableaus, sondern nur die Feststellung der Grundzüge desselben, wie viel Personenzüge beispielsweise an einem jeden Tage, wie viel davon Morgens und wie viel Nachmittags abgelassen werden müssen, zu verstehen.

3. In der Kommissionsberathung wurde es ohne Widerspruch als zweifellos zulässig bezeichnet, daß dem Unternehmer auf Antrag auch innerhalb der zur Prüfung festgesetzten Zeiträume die Aenderung des Fahrplans gestattet werden könne.

4. Der § 14 ist bei der Kommissionsberathung neu in das Gesetz eingefügt worden, in der Regierungsvorlage war er nicht enthalten. Für denselben sprachen insbesondere folgende Gründe.

Für die Lebensfähigkeit der Bahnen ist die Gestaltung des Fahrplans und die Festsetzung der Höhe der Beförderungspreise von besonderer Wichtigkeit. Um nun dem Unternehmer die Sicherheit zu geben, daß nicht durch zu starke Eingriffe in dieselben Seitens der Behörde die Möglichkeit der Fortführung des Unternehmens in finanzieller Hinsicht gefährdet wird, bedarf es einer positiven gesetzlichen Bestimmung, welche die einem Unternehmen solcher Art zu gewährenden Erleichterungen genauer feststellt. Bezüglich der Feststellung eines Fahrplans konnte natürlich die Verzichtleistung einer Einwirkung auf denselben Seitens der Behörde nur fakultativ ausgesprochen werden, da es nicht in allen Fällen möglich sein wird, auf die Feststellung eines solchen zu verzichten. In Bezug auf die Höhe der Beförderungspreise erschien es angemessen, dem Unternehmer behufs Feststellung der Frage, bei welcher Höhe derselben das Unternehmen finanziell gesichert sei, eine bestimmte und soweit zu bemessende Frist zu gewähren, daß aus derselben mit Sicherheit gefolgert werden könne, wie hohe Beförderungspreise das Unternehmen zwecks Sicherstellung seiner finanziellen Existenz bedarf. Als ein solcher Zeitraum erschien 5 Jahre angemessen. Im Uebrigen lag ein öffentliches Interesse nicht vor, die Befugniß der Behörde zur Feststellung der Beförderungspreise über die Feststellung des Maximalbetrages derselben auszudehnen.

5. Die Ausführungsanweisung bestimmt zu diesem Paragraph noch:

„Auch für die Vorbehalte und Anforderungen hinsichtlich des Fahrplans und der Beförderungspreise kann im Wesentlichen nur der Grad des an dem Betriebe der Bahn bestehenden öffentlichen Verkehrsinteresses den Maßstab abgeben.

Was den Fahrplan betrifft, so erfordert das öffentliche Sicherheitsinteresse in jedem Falle die Festsetzung der höchsten zulässigen Geschwindigkeit der Züge, welche die für Nebeneisenbahnen statthafte Maximalgrenze nicht überschreiten darf. Im Uebrigen ist nach den besonderen Verhältnissen eines jeden einzelnen Falles zu ermessen, ob hinsichtlich der Zahl und der Zeit sämmtlicher oder einzelner Züge weitere Anordnungen bei der Genehmigung zu treffen sind. Wird zunächst hiervon abgesehen, so ist der Zeitraum, nach dessen Ablauf wiederholte Prüfung einzutreten hat, in der Regel auf etwa drei Jahre zu bemessen.

Die Mittheilung aller Tarife, Fahrpläne und aller etwa zu erlassenden Betriebsreglements an die Aufsichtsbehörde wird bei jeder Genehmigung vorzubehalten sein, um diese Behörde zur Erledigung ihrer Aufgabe in den Stand zu setzen."

§. 15.

Der Aushändigung der Genehmigungsurkunde müssen die nach §. 11 geforderten Sicherstellungen vorausgehen.

§. 16.

Die Genehmigung, welche für eine Aktiengesellschaft, eine Kommanditgesellschaft auf Aktien oder eine Gesellschaft mit beschränkter Haftung behufs Eintragung in das Handelsregister (Artikel 210 Absatz 2 Nr. 4, Artikel 176 Absatz 2 Nr. 4 des Deutschen Handelsgesetzbuchs, §. 8 Nr. 4 des Reichsgesetzes vom 20. April 1892 — Reichs-Gesetzbl. S. 477—) ausgehändigt worden ist, tritt erst in Wirksamkeit, wenn der Nachweis der Eintragung in das Handelsregister geführt ist.

Zu § 15.

1. Es können nach § 11 Sicherstellungen gefordert werden:

a) für die Unterhaltung und Wiederherstellung der durch die Bahnanlage benützten öffentlichen Wege,

b) für die fristgemäße Ausführung der Bahn.

c) für die fristgemäße Betriebseröffnung,

d) für die Aufrechterhaltung des ordnungsmäßigen Betriebes.

2. Darüber wie diese Sicherheitsleistungen zu geschehen haben, enthält das Gesetz keine Bestimmungen, es wird daher dem Ermessen der Behörde, welche das Unternehmen zu genehmigen hat, überlassen bleiben, dies zu bestimmen.

3. Der Nachweis über die erfolgten Sicherheitsleistungen ist der genehmigenden Behörde vor der Aushändigung der Genehmigungsurkunde zu erbringen.

4. Siehe im Uebrigen die Anm. 1 und 3 zu § 11 dieses Gesetzes.

Zu § 16.

1. Der Art. 210 Abs. 2 Nr. 4, Art. 176 Abs. 2 Nr. 4 des Deutschen Handelsgesetzbuches und § 8 Nr. 4 des Reichsgesetzes vom 20. April 1892 betr. die Gesellschaften mit beschränkter Haftung machen bezüglich der Aktien-Gesellschaften, der Kommandit-Gesellschaften auf Aktien sowie der Gesellschaften mit beschränkter Haftung die Eintragung in das Handelsregister davon abhängig, daß wenn der Gegenstand des Unternehmens wie bei den Kleinbahnen der staatlichen Genehmigung bedarf, die Genehmigungsurkunde der Anmeldung beigefügt wird.

Auf der anderen Seite wird einer für ein solches Unternehmen in der Bildung begriffenen Gesellschaft die Genehmigung für dies Unternehmen nicht ertheilt werden können, bevor die Formalitäten erfüllt sind, welche zu deren Rechtsbeständigkeit nothwendig sind. Mit Rücksicht hierauf war in der Regierungsvorlage im § 12 gesagt worden, daß die Genehmigung für ein Bahnbau-Unternehmen jenen Gesellschaften erst ausgehändigt werden dürfe, wenn der Nachweis der Eintragung in das Handelsregister geführt sei.

§. 17.

Mit dem Bau von Bahnen, welche für den Betrieb mit Maschinenkraft bestimmt sind, darf erst begonnen werden, nachdem der Bauplan durch die genehmigende Behörde in folgender Weise festgestellt worden ist:

1. Der Planfeststellung werden die bei der Genehmigung vorläufig getroffenen Festsetzungen zu Grunde gelegt.

Durch diese Bestimmung kam der Unternehmer aber in eine unlösbare Schwierigkeit, da jede der beiden Behörden nun, die Handelsregisterbehörde wie auch die nach dem vorliegenden Gesetze für die Genehmigung zuständige Behörde, verlangen konnten, daß der von der anderen Behörde zu bescheinigende Nachweis ihr vorher erbracht werde, ehe sie ihrerseits die von ihr zu ertheilende Bescheinigung ertheile. Um diese Schwierigkeiten zu lösen, wurde der obige Paragraph dahin abgeändert, daß die nach diesem Gesetze für die Eisenbahnbauunternehmen nothwendige Genehmigung einer jener Gesellschaften schon vor der Eintragung der Gesellschaft in das Handelsregister auszuhändigen sei, daß diese Genehmigung aber erst in Wirksamkeit trete, wenn der Nachweis der Eintragung der Gesellschaft in das Handelsregister geführt sei. Einer Aktiengesellschaft, einer Kommanditgesellschaft auf Aktien sowie einer Gesellschaft mit beschränkter Haftung wird daher erst die Inangriffnahme eines Bahnbaus gestattet werden können, wenn sie neben der Genehmigungsurkunde für das Unternehmen auch den Nachweis über die Eintragung der Gesellschaft in das Handelsregister vorlegen kann.

2. Ueber die Veröffentlichung der ertheilten Genehmigung bestimmt die Ausführungsanweisung:

„Mit der Aushändigung der Genehmigungsurkunde an einen Unternehmer, welcher nicht eine der in § 16 bezeichneten Gesellschaften ist, muß auch die Veröffentlichung der Genehmigung in dem Amtsblatt derjenigen Regierung, in deren Bezirk die Bahn belegen ist, veranlaßt werden. Von jeder ertheilten Genehmigung ist Abschrift dem Minister der öffentlichen Arbeiten durch die Genehmigungsbehörde einzureichen.

Die Veröffentlichung einer Genehmigung, welche einer der in § 16 bezeichneten Gesellschaften ertheilt ist, darf erst erfolgen, nachdem der genehmigenden Behörde der Eintrag im Handelsregister nachgewiesen ist. Die Zeit des Eintrags ist von der letzteren in der Genehmigungsurkunde zu vermerken und in der öffentlichen Bekanntmachung anzugeben.

Sollte die Genehmigung für eine Kleinbahn einer Genossenschaft ertheilt werden, so ist die Genehmigungsurkunde vor ihrer Aushändigung an den Unternehmer dem zur Führung des Genossenschaftsregisters zuständigen Gericht mit dem Ersuchen um Eintrag in dieses Register und demnächstige Rückgabe der Urkunde mitzutheilen. Erst nach deren Wiedereingang und nach Vermerk des Eintrags auf derselben darf die Aushändigung an den Unternehmer und die Veröffentlichung in dem Amtsblatt stattfinden."

2. Plan nebst Beilagen sind in dem betreffenden Gemeinde- oder Gutsbezirke während vierzehn Tagen zu Jedermanns Einsicht offenzulegen. Zeit und Ort der Offenlegung ist ortsüblich bekannt zu machen.

Während dieser Zeit kann jeder Betheiligte im Umfange seines Interesses Einwendungen gegen den Plan erheben. Auch der Vorstand des Gemeinde- oder Gutsbezirkes hat das Recht, Einwendungen zu erheben, welche sich auf die Richtung des Unternehmens oder auf Anlagen der in §. 18 dieses Gesetzes gedachten Art beziehen.

Diejenige Stelle, bei welcher solche Einwendungen schriftlich einzureichen oder mündlich zu Protokoll zu geben sind, ist zu zu bezeichnen.

3. Nach Ablauf der Frist (Nr. 2 Absatz 1) sind die gegen den Plan erhobenen Einwendungen in einem nöthigenfalls an Ort und Stelle durch einen Beauftragten abzuhaltenden Termine, zu dem der Unternehmer und die Betheiligten (Nr. 2 Absatz 2) vorgeladen werden müssen und Sachverständige zugezogen werden können, zu erörtern.

4. Nach Beendigung der Verhandlungen wird über die erhobenen Einwendungen beschlossen und erfolgt darnach die Feststellung des Planes sowie der Anlagen, zu deren Errichtung und Unterhaltung der Unternehmer verpflichtet ist (§. 18).

Der Beschluß wird dem Unternehmer und den Betheiligten zugestellt.

Der Feststellung (Absatz 1) bedarf es nicht, wenn eine Planfestsetzung zum Zwecke der Enteignung stattfindet.

Wenn aus der beabsichtigten Bahnanlage Nachtheile oder erhebliche Belästigungen der benachbarten Grundbesitzer und des öffentlichen Verkehrs nicht zu erwarten sind, kann, sofern es sich nicht um die Benutzung öffentlicher Wege, mit Ausnahme städtischer Straßen handelt, der Minister der öffentlichen Arbeiten den Beginn des Baues ohne vorgängige Planfestsetzung gestatten.

Zu § 17.

1. Zur Begründung dieses Paragraphen und des mit demselben im Zusammenhang stehenden folgenden Paragraphen führen die Motive folgendes aus. Bahnen, welche mit Maschinenkraft betrieben oder wenigstens für den Betrieb mit Maschinenkraft eingerichtet werden sollten, näherten sich den Nebenbahnen

auf Grund des Gesetzes vom 3. November 1838 auch darin, daß namentlich wenn sie einen Straßenkörper nicht benutzen, eine ähnliche Rückwirkung auf das umgebende Gelände wie seitens jener eintreten könnte.

Es erscheine daher nothwendig, den Betheiligten öffentlichen und privaten Interessen gegenüber den Kleinbahnen denselben Schutz zu gewähren, welcher ihnen durch den § 14 des Gesetzes über die Eisenbahn-Unternehmungen von 1838 und § 14 des Enteignungsgesetzes v. 11. Juni 1874 bei den Eisenbahnen im engeren Sinne des Wortes gewährt sei. Wenn auch in erster Linie die Sicherstellung dieser Interessen von Amtswegen zu erfolgen haben werde, so empfehle es sich doch, in allen Fällen und zwar auch in denjenigen, in denen eine Enteignung von Grundeigenthum nicht in Frage komme, durch ein förmliches Verfahren mit öffentlicher Auslegung des Planes den Betheiligten Gelegenheit zu bieten, ihre Interessen gegenüber der Festsetzung des Planes selbst wahrzunehmen. Nur in den Fällen, wo nach der Natur des Unternehmens eine Gefährdung öffentlicher oder privater Interessen nicht anzunehmen sei, sei dem Ressortminister die Befugniß beizulegen, die Abstandnahme von dem förmlichen Planfestsetzungsverfahren zu genehmigen.

In der Regierungsvorlage hieß es daher im § 13, daß der Plan

„unter sinngemäßer Anwendung der §§ 19—21 des Gesetzes über die Enteignung von Grund-Eigenthum vom 11. Juni 1874"

festgestellt werden solle.

In der Kommission ging man dazu über, das Planfestsetzungsverfahren, wie sich dasselbe unter sinngemäßer Anwendung des Enteignungsgesetzes zu gestalten haben wird, genau in dem Gesetze selbst festzulegen und zwar aus dem von dem Antragsteller angeführten Grunde, weil die Fassung der Regierungsvorlage zu Zweifeln Veranlassung geben könne. Letzteres wurde Seitens des Regierungskommissars entschieden bestritten und dabei angeführt, daß die Regierungsvorlage sich dem stets üblichen Verfahren angeschlossen habe, statt einer wörtlichen Aufnahme der in Anwendung zu bringenden Vorschriften eines anderen Gesetzes sich auf die Citirung der betreffenden Paragraphen dieses Gesetzes zu beschränken. Der § 17 wurde darauf durch eine fast wörtliche Wiederholung der §§ 19—21 des Enteignungsgesetzes erweitert mit der materiellen Abweichung allerdings, daß an Stelle der in letzterem Gesetze berufenen Behörden jedesmal „die genehmigende Behörde" (siehe unten Anm. 18) treten solle. Auch nach dieser Abänderung des Paragraphen war man in der Kommission einstimmig der Ansicht, daß bei der Interpretation der Vorschriften desselben auf das Enteignungsgesetz zurückzugehen sei.

2. In dem § 15 des Enteignungsgesetzes ist angeordnet, daß vor der Ausführung des Unternehmens für dasselbe unter Berücksichtigung der nach § 14 — dieser Paragraph stimmt fast wörtlich mit dem § 18 dieses Gesetzes überein — den Unternehmer treffenden Obliegenheiten ein Plan aufzustellen und von der zuständigen Behörde zu prüfen und festzustellen sei. Auch nach Vorschrift der Nr. 1 dieses Paragraphen wird ein solcher vorläufiger Plan durch die zur Genehmigung des Unternehmens berufene Behörde anzufertigen und in demselben ebenso die den Unternehmer nach § 18 dieses Gesetzes

den Unternehmer zu treffenden Obliegenheiten zu berücksichtigen sein. Der Zweck der vorläufigen Planfestsetzung ist nämlich, den vom Unternehmer aufgestellten Plan zuvörderst im Großen und Ganzen und von höheren öffentlichen landespolizeilichen und technischen Gesichtspunkten aus einer behördlichen Prüfung zu unterwerfen und darnach in seinen wesentlichen Theilen für brauchbar und zur Ausführung geeignet zu erklären. Diese vorläufige Planfeststellung bildet zugleich die Grundlage für die folgende definitive Planfeststellung.

3. Der Plan nebst Beilagen ist zu Jedermanns Einsicht offen zu legen, der Zweck der Offenlegung des Planes besteht darin, sämmtlichen Betheiligten in geigneter Weise Gelegenheit zu geben, aus dem Plane in vollem Umfange genaue Kenntniß von der Ausdehnung des Unternehmens, den projektirten Sicherungsmaßregeln und insbesondere in der beabsichtigten Art und Weise der Inanspruchnahme ihres Grundeigenthums zu erhalten, um hiernach ihre individuellen Interessen zur Geltung zu bringen, sowie Abänderungsvorschläge und Einwendungen machen zu können. Die Offenlegung wird daher in so umfassender Weise anzuordnen sein, daß jeder irgendwie Interessirte sich vollständig daraus informiren kann. Entsprechend dem Enteignungsgesetze werden dem Plane folgende vier Beilagen beigefügt werden müssen:

a) Die Angabe der von der Bahn zu benutzenden Grundstücke und öffentlichen und privten Wege nach ihrer grundbuchmäßigen, katastermäßigen oder sonst üblichen Bezeichnung und Größe;
b) die Angabe der Eigenthümer dieser Grundstücke und Wege sowie der zur Unterhaltung der Wege, sei es auf Grund öffentlichen Rechtes oder auf Grund anderer Titel verpflichteten Gemeinden, Personen u. s. w.;
c) die Angabe der nach § 18 herzustellenden Anlagen;
d) die Angabe der Art und des Umfanges der Belastung der fraglichen Grundstücke, sowie der etwa dritten Personen an den benutzten Wegen zustehenden Rechten.

4. Die Frist von vierzehn Tagen, während welcher die Offenlegung zu geschehen hat, ist eine präklusivische, sie ist nach Maßgabe der Prozeßfristen zu berechnen.

5. Die Berechtigung zur Einsichtnahme des Planes nebst Beilagen ist ganz unbeschränkt jeder rechtsfähigen Person gegeben und an irgend welche Voraussetzungen oder Legitimation, etwa an die Eigenschaft als Gemeindemitglied, Großjährigkeit, Grundbesitz u. s. w. nicht geknüpft.

6. In jeder Gemeinde oder Gutsbezirk ist nur ein sie betreffender Auszug aus dem Plan nebst Beilagen offenzulegen.

7. Die Bekanntmachung hat ortsüblich zu erfolgen, d. h. nach Maßgabe der für öffentliche, behördliche Bekanntmachungen in dem betreffenden Gemeinde- oder Gutsbezirke bestehenden Gebräuche und Vorschriften. Die Bekanntmachung muß von der genehmigenden Behörde selbst ausgehen, d. h. in ihrem Namen stattfinden, von ihr unterzeichnet sein 2c.

8. Die Frist zur Erhebung von Einwendungen gegen den Plan ist eine Ausschlußfrist, Einwendungen, welche nicht innerhalb dieser Frist von

vierzehn Tagen an der richtigen Stelle angebracht sind, sind nicht zu berücksichtigen, auch nicht in den höheren Instanzen. A. M. Löbell, Das Enteignungsgesetz Seite 112, Anm. 6.

9. Die Worte „jeder Betheiligte" normiren den Kreis der zur Erhebung von Einwendungen Berechtigten und deuten in Verbindung mit den folgenden Worten „im Umfange seines Interesses" darauf hin, daß dieses Recht allen denjenigen zustehen soll, die in irgend einer Weise unmittelbar oder mittelbar durch das Unternehmen berührt werden, in Beziehung dazu stehen, einen Antheil, ein Interesse (in passiver Weise) daran haben. Das Interesse braucht nicht unbedingt ein vermögensrechtliches zu sein, auch Einwendungen, welche den Schutz der persönlichen Freiheit (gegen Feuers-, Wassers-Gefahr) durch Beantragung von Schutzanlagen oder Ergänzung und Verbesserung der projektirten betreffen, kann der Einzelne erheben. Aber es müssen Einwendungen sein, die sich auf sein eigenes, d. h. sein und der Seinigen Interesse beziehen. Die Einwendungen dürfen indes nicht gegen das Unternehmen selbst und als solches gerichtet werden, die Genehmigung zu dem Unternehmen ist nämlich bereits ertheilt, ehe das Planfeststellungs-Verfahren beginnt. S. Eger, Das Enteignungsgesetz Band I S. 106 und 107.

10. Auch der Vorstand des Gemeinde- oder Gutsbezirks hat das Recht Einwendungen zu erheben, welche sich auf die Richtung des Unternehmens oder auf Anlagen der im § 18 dieses Gesetzes gedachten Art beziehen. Aus dieser dem Enteignungsgesetze wörtlich entnommenen Vorschrift dürfte zu folgern sein,

a) daß andern Behörden, als den Vorständen der Gemeinde- und Gutsbezirke das Recht, zur Geltendmachung öffentlicher allgemeiner Interessen Einwendungen der beregten Art zu erheben, nicht zusteht;

b) daß auch den Vorständen der Gemeinde- und Gutsbezirke das Einwendungsrecht nur in den beiden gesetzlich angegebenen Beziehungen verliehen ist und in anderen Richtungen nicht ausgeübt werden darf (s. Eger S. 112, ders.).

11. Die Form der Einwendungen ist schriftlich und mündlich zu Protokoll zu geben.

In welcher Weise die Bezeichnung der Annahmestelle zu Einwendungen zu erfolgen hat, bestimmt das Gesetz nicht. Nach dem Wortlaute ist dies also dem Ermessen der genehmigenden Behörde überlassen. Aus dem Inhalt des ganzen Paragraphen dürfte indeß zu entnehmen sein, daß die Bezeichnung in gleicher Weise zu bewirken ist, wie die Bekanntmachung der Planoffenlegung, nämlich in ortsüblicher Weise.

12. Unter Nummer 3 werden zunächst Bestimmungen getroffen über die Erörterung der Einwendungen gegen den Plan bezüglich der Zeit und Form der Erörterung, sowie der Person desjenigen, welcher mit denselben zu betrauen ist.

Die Zeit des Beginns der Erörterung, wie auch der weiteren Dauer derselben ist in das Belieben des Kommissars gestellt. Der Letztere hat einen Termin anzuberaumen und zwar nöthigenfalls an Ort und Stelle, d. h. wenn nach dem Ermessen des Kommissars die Umstände dies erfordern, so z. B. wenn eine Lokalbesichtigung mit Rücksicht auf die erhobenen Einwendungen nothwendig erscheint. Wo der Termin abgehalten werden soll und welche Formalitäten in dem Termine zu beobachten sind, darüber ist auch in dem Enteignungsgesetz nichts enthalten. Der Termin wird in einer jeden Gemeinde bezw. Gutsbezirk besonders abzuhalten sein.

13. Der Kommissar wird durch die genehmigende Behörde ernannt.

14. Zu dem Termine müssen der Unternehmer und die Betheiligten vorgeladen werden. Diese Bestimmung weicht von der entsprechenden Bestimmung des Enteignungsgesetzes wesentlich ab; im § 20 des letzteren Gesetzes heißt es nämlich in Abs. 2:

„Zu dem Termine werden die Unternehmer, die Reklamanten und die durch die Reklamation betroffenen Grundbesitzer, sowie der Vorstand des Gemeinde- oder Gutsbezirks vorgeladen und mit ihrer Erklärung gehört."

Hier ist also der Kreis der Interessenten genau angegeben, welcher zu dem Termine zugezogen werden soll; anders in dem vorliegenden Gesetz, in dem lediglich gesagt ist, daß die Betheiligten vorzuladen seien. In der Nummer 2, Abs. 2 kommt der Ausdruck „Betheiligte" schon vor und es ist auch an der hier fraglichen Stelle des Gesetzes jener Abs. 2 der Nummer 2 angezogen; es dürfte indes nicht zweifelhaft sein, daß der Kreis der Betheiligten, welche zu dem Termine über die Erörterung der Einwendungen vorzuladen sind, ein viel engbegrenzter ist, als der hier in der Nummer 3 unter „Betheiligten" bezeichneten Interessenten. Von vorneherein läßt sich gar nicht bestimmen, wessen Interessen durch ein neu zu gründendes Eisenbahnunternehmen berührt werden und wer daher im Sinne des Abs. 2 Nummer 2 dieses Paragraphen „Betheiligter" ist. An der letzteren Stelle wird daher auch nicht etwa eine spezielle Vorladung der Betheiligten angeordnet, obwohl nach dem oben Ausgeführten die Versäumniß jener Frist den Verlust des Rechtes zur weitern Erhebung der Einwendungen im Gefolge hat, sondern es wird nur die ortsübliche Bekanntmachung jener Frist vorgeschrieben. Wenn nun unter Nummer 3 die spezielle Vorladung der „Betheiligten" zu dem Termine zur Erörterung der gegen den Plan erhobenen Einwendungen und zwar unter Allegierung der Nummer 2 Abs. 2, vorgeschrieben wird, eine spezielle Vorladung von dem Namen nach nicht bestimmbaren Personen aber nicht möglich ist, so können hier in der Nummer 3 unter „Betheiligten" nur diejenigen verstanden werden, welche von dem ihnen im Abs. 2 Nummer 2 eingeräumten Rechte zur Erhebung von Einwendungen wirklich Gebrauch gemacht haben.

Zu dem Termine dürften angemessen auch noch diejenigen vorzuladen sein, welche durch die erhobenen Einwendungen betroffen werden, sei es als Grundbesitzer, Wegeunterhaltungspflichtige u. s. w. Eine Aufzählung dieser Personen ist zweifellos vergessen worden. Der Vorstand des Gemeinde- oder Gutsbezirks wird, da er nicht namentlich unter den Vorzuladenden aufgeführt ist, auch nur dann vorgeladen werden müssen, wenn er Einwendungen erhoben hat.

§. 18.

Dem Unternehmer ist bei der Planfeststellung (§. 17) die Herstellung derjenigen Anlagen aufzuerlegen, welche die den Bauplan festsetzende Behörde zur Sicherung der benachbarten Grundstücke gegen Gefahren und Nachtheile oder im öffentlichen Interesse für

---

15. Eine besondere Vorschrift über die Art der Vorladung enthält das Gesetz nicht, sie wird daher nach den für gerichtliche Behändigungen bestehenden Vorschriften zu erfolgen haben.

16. Die Zuziehung von Sachverständigen ist fakultativ und ganz in das Ermessen des Kommissars gestellt.

17. Nach Beendigung der Verhandlungen hat die „genehmigende" Behörde über die erhobenen Einwendungen zu beschließen. Daß dieser Beschluß ein motivirter sein muß, versteht sich von selbst, und zwar schon um deswillen, weil eine Anfechtung desselben durch Erhebung von Rechtsmitteln gegen ihn möglich ist.

18. Der Beschluß muß außer der Entscheidung über die sämmtlichen Einwendungen außerdem enthalten:

a) die Feststellung des Plans und
b) die Angabe der Anlagen, zu deren Errichtung und Unterhaltung der Unternehmer (§ 18) verpflichtet ist.

In Betreff der Beschaffenheit des Planes, seines Maßstabes und seiner Beilagen werden besondere Normativbestimmungen durch den Minister für öffentliche Arbeiten aufgestellt werden müssen.

Bezüglich der Art und des Umfangs der Verpflichtung des Unternehmers zu den in § 18 näher angegebenen Anlagen wird auf die zu letzterem Paragraphen gemachten Erörterungen Bezug genommen.

19. Der Beschluß ist dem Unternehmer und den Betheiligten zuzustellen. Unter Betheiligten werden hier dieselben zu verstehen sein, welche zu dem Termine über die Erörterung der Einwendungen vorgeladen worden waren.

20. In den Fällen, wo aus der beabsichtigten Bahnanlage Nachtheile oder erhebliche Belästigungen der benachbarten Grundstücke und des öffentlichen Verkehrs zu erwarten sind, muß in jedem Falle das Planfestsetzungsverfahren eintreten; solche erhebliche Belästigungen dürften stets da zu befürchten sein, wo ein Wegekörper von einer mit Maschinenkraft betriebenen Eisenbahn als ausschließliche Fahrbahn benutzt wird.

21. Nach der zu diesem Paragraphen erlassenen Ausführungsanweisung soll die Planfeststellung durch den Regierungs-Präsidenten — als genehmigende Behörde — im Einvernehmen mit der zuständigen Eisenbahnbehörde erfolgen.

22. Die Ausführungsanweisung bestimmt weiter, daß Anträge auf Entbindung von der vorgängigen Planfestsetzung den Minister der öffentlichen Arbeiten so vorbereitet vorzulegen seien, daß alsbald Entscheidung getroffen werden könne.

erforderlich erachtet, desgleichen die Unterhaltung dieser Anlagen, soweit dieselbe über den Umfang der bestehenden Verpflichtungen zur Unterhaltung vorhandener, demselben Zwecke dienenden Anlagen hinausgeht.

Zu § 18.

1. Dieser Paragraph ist dem § 14 des Enteignungsgesetzes vollständig nachgebildet.

§ 14 des Enteignungsgesetzes lautet:

„Der Unternehmer ist zugleich zur Einrichtung derjenigen Anlagen an Wegen, Ueberfahrten, Triften, Einfriedigungen, Bewässerungs- und Vorfluthsanstalten u. s. w. verpflichtet, welche für die benachbarten Grundstücke oder im öffentlichen Interesse zur Sicherung gegen Gefahren und Nachtheile nothwendig werden. Auch die Unterhaltung dieser Anlagen liegt ihm ob, insoweit dieselbe über den Umfang der bestehenden Verpflichtungen zur Unterhaltung vorhandener, demselben Zwecke dienender Anlagen hinausgeht.

Ueber diese Obliegenheiten des Unternehmers entscheidet die Bezirksregierung (§ 21)."

Die zu jenem Gesetze ergangene Rechtsprechung wird daher auch für das gegenwärtige Gesetz zu verwerthen sein.

Der § 14 des Enteignungsgesetzes ist wieder eine Nachbildung des § 14 des Eisenbahngesetzes, jedoch unterscheidet sich der § 14 des Enteignungsgesetzes von letzterem Gesetze wesentlich durch die Einschaltung des öffentlichen Interesses und durch die Einschränkung der Unterhaltungspflicht.

2. Der § 18 enthält vier wichtige Grundsätze:

a) der Unternehmer ist zur Herstellung von Anlagen verpflichtet, welche
   aa) für die benachbarten Grundstücke,
   bb) im öffentlichen Interesse zur Sicherung gegen Gefahren und Nachtheile erforderlich sind;
b) der Unternehmer ist zur Unterhaltung dieser Anlagen verpflichtet, insoweit dieselbe über den Umfang der bestehenden Verpflichtungen zur Unterhaltung vorhandener, demselben Zwecke dienender Anlagen hinausgeht;
c) die den Bauplan festsetzende Behörde entscheidet über diese dem Unternehmer nach Lage der Verhältnisse aufzuerlegende Verpflichtungen;
d) diese Auflagen sind dem Unternehmer bei dem Planfeststellungsverfahren (§ 17) zu machen.

3. Das Prinzip, welches diesem Paragraphen, ebenso wie den entsprechenden Bestimmungen des Eisenbahngesetzes von 1838 und dem Enteignungsgesetze zu Grunde liegt, ist, daß die dem Unternehmer auferlegten Verpflichtungen zur Herstellung und Unterhaltung von Anlagen öffentlich rechtlicher Natur sind. In Anerkennung dieses Grundsatzes hat das Reichsgericht Entsch. Band IV, S. 430 entschieden, daß es *nicht darauf ankomme*, ob die Herstellung der für nothwendig erklärten Anlagen von den Betheiligten in Antrag gebracht worden sei und ob denselben ein privatrechtlicher Anspruch

darauf zustehe. Eine weitere Konsequenz aus jenem Prinzip ist, daß diese Verpflichtungen des Unternehmers im Rechtswege vor den ordentlichen Gerichten nicht verfolgt, daß die Kosten zur Herstellung und Unterhaltung der Anlagen im Rechtswege nicht eingeklagt werden können, und daß es endlich nicht statthaft ist, die von der Planfestsetzungsbehörde — § 17 — ergangene Entscheidung im Rechtswege abzuändern.

4. Die privatrechtliche Entschädigungspflicht des Unternehmers nach Maßgabe der allgemeinen Rechtsnormen wird durch die öffentlich-rechtliche Verpflichtung aus dem obigen Paragraphen weder ersetzt noch aufgehoben. Der Unternehmer kann sich daher gegen privatrechtlich begründete Schadensansprüche nicht durch den Einwand befreien, daß er die ihm auf Grund des § 18 auferlegten Verpflichtungen erfüllt habe. Es dürfte der Unternehmer hiernach, weil auf civilrechtlicher Basis beruhend, für Schäden folgender Art Ersatz begehren, für Schäden durch ungewöhnliches Eindringen, Rauch, Kohlen, Asche, durch ungewöhnliches Getöse, Erschütterungen u. s. w.

5. Der § 18 unterläßt es abweichend von dem Eisenbahngesetze von 1838 und dem Enteignungsgesetze die Objekte aufzuzählen, an welchen Anlagen hergestellt werden sollen, es werden daher alle Objekte getroffen, welche mit dem neuen Unternehmen in Berührung stehen.

6. Der Zweck, welcher für die Nothwendigkeit der Anlagen maßgebend ist, ist die Sicherung gegen Gefahren und Nachtheile und zwar einmal für die benachbarten, d. i. nicht blos für die unmittelbar von dem Unternehmen berührten Grundstücke und sodann im öffentlichen Interesse. Das öffentliche Interesse erstreckt sich nicht nur auf das Verkehrsinteresse, sondern auch auf alle anderen öffentlichen Interessen, z. B. Gesundheits- und Sicherheits-Polizei. Andere Anlagen, als zu dem gesetzlich bestimmten Zwecke: zur Sicherung gegen Gefahren und Nachtheile, dürfen dem Unternehmer nicht auferlegt werden.

7. Neben der Herstellungspflicht hat der Unternehmer auch die Unterhaltungspflicht dieser Anlagen, aber nur soweit die Unterhaltung über den Umfang der bestehenden Verpflichtungen zur Unterhaltung vorhandener, demselben Zwecke dienenden Anlagen hinausgeht.

Die Unterhaltungspflicht soll den Unternehmer nicht, wie die Herstellungspflicht, in allen Fällen unbedingt treffen. Er kann vielmehr ganz oder theilweise von der Unterhaltung der von ihm errichteten Anlagen befreit sein. Treten nämlich die neuen Anlagen ganz oder theilweise an die Stelle vorhandener, demselben Zwecke dienender Anlagen, und besteht in Betreff der letzteren eine Unterhaltungspflicht anderer, so fällt insoweit die Unterhaltungspflicht des Unternehmers für die Neuanlagen fort und tritt der bisher zur Unterhaltung der alten Anlagen Verpflichtete ein. Am häufigsten wird diese Frage bei Wegeanlagen praktisch werden. cf. Eger Anm. 142 zu § 14.

8. Ueber die dem Unternehmer aufzuerlegenden Anlagen entscheidet hier diejenige Behörde, welche nach § 17 den Bauplan festzusetzen hat.

9. Die Frage, ob die Verpflichtung des Unternehmers, sich Anlagen in der vorbezeichneten Art und Ausdehnung auferlegen lassen, mit der Beendigung

§. 19.

Zur Eröffnung des Betriebes bedarf es der Erlaubniß der zur Ertheilung der Genehmigung zuständigen Behörde. Die Erlaubniß ist zu versagen, sofern wesentliche in der Bau- und Betriebsgenehmigung gestellte Bedingungen nicht erfüllt sind.

---

des Planfestsetzungsverfahrens erlischt oder darüber hinaus fortdauert, kann hier nicht zu Kontroversen führen, wie solche bei der Auslegung sowohl des § 14 des Enteignungsgesetzes wie auch des Eisenbahngesetzes von 1838 entstanden sind. In dem Text des obigen Paragraphen ist ausdrücklich gesagt, daß die Anlagen dem Unternehmer *bei der Planfeststellung* aufzuerlegen seien und zwar solche, welche die den Bauplan festsetzende Behörde für *erforderlich erachtet*. Im Enteignungsgesetz heißt es, der Unternehmer ist zur Einrichtung der Anlagen verpflichtet, welche . . . *nothwendig werden*. Der § 18 d. Ges. findet sich sodann auch im unmittelbaren Anschluß an den § 17, in dem das Verfahren betreffs der Planfeststellung geregelt ist, während der entsprechende § 14 des Enteignungsgesetzes sich in dem über die Entschädigung handelnden Titel II jenes Gesetzes und nicht im Titel III über das Enteignungsverfahren befindet, in welch' letzterem dort die Vorschriften über das Planfeststellungsverfahren gegeben sind.

Jene Anlagen können daher dem Unternehmer, nachdem der Beschluß über die Planfestsetzung rechtskräftig geworden ist, nicht mehr auferlegt werden.

Zu § 19.

1. Die zur Ertheilung der Genehmigung zum Bau und Betrieb der Kleinbahn zuständige Behörde (§ 3) hat auch die spezielle Genehmigung zur Eröffnung des Betriebes auf der genehmigten Bahn zu ertheilen, aber erst nachdem von ihr festgestellt worden ist, daß beim Bahnbau nicht in wesentlichen Beziehungen von den Bedingungen der Bau- und Betriebsgenehmigung abgewichen worden ist; was unter *wesentlichen* Abweichungen von den Bedingungen der Bau- und Betriebsgenehmigung zu verstehen ist, hat in erster Linie die genehmigende Behörde selbst zu entscheiden. Die Ausführungsanweisung bestimmt in dieser Beziehung noch:

„Die Erlaubniß zur Eröffnung des Betriebes erfolgt auf Grund einer örtlichen Prüfung der Bahn durch die zur Genehmigung zuständige Behörde, also bei Bahnen, welche mit Maschinenkraft betrieben werden sollen, durch den Regierungs-Präsidenten in Gemeinschaft mit der zuständigen Eisenbahnbehörde. — Ueber das Ergebniß der Prüfung ist ein Protokoll aufzunehmen."

2. Auf die Frage eines Abgeordneten bei der zweiten Berathung des Gesetzes im Plenum des Abgeordnetenhauses, ob nun auch die Pflicht der zuständigen Behörde bestehe, die Genehmigung zur Eröffnung des Betriebes zu ertheilen, wenn die bei der Genehmigung vorgesehenen Bedingungen im Wesentlichen erfüllt seien, erklärte der Eisenbahnminister, er betrachte es als selbstverständlich, daß wenn alle Bedingungen erfüllt seien, die betreffende Behörde die Genehmigung zu ertheilen habe.

§. 20.

Die Betriebsmaschinen sind vor ihrer Einstellung in den Betrieb und nach Vornahme erheblicher Aenderungen, außerdem aber zeitweilig der Prüfung durch die zur eisenbahntechnischen Aufsicht über die Bahn zuständige Behörde (§. 22) zu unterwerfen.

§. 21.

Der Fahrplan und die Beförderungspreise sowie die Aenderungen derselben sind vor ihrer Einführung öffentlich bekannt zu machen.

Die angesetzten Beförderungspreise haben gleichmäßig für alle Personen oder Güter Anwendung zu finden.

Ermäßigungen der Beförderungspreise, welche nicht unter Erfüllung der gleichen Bedingungen Jedermann zu Gute kommen, sind unzulässig.

Zu § 20.

1. Die Unterstellung der Betriebsmaschinen unter die mit der eisenbahntechnischen Aufsicht betraute Behörde enthält eine Abweichung von dem zur Zeit geltenden Recht insofern, als diese Maschinen bisher nach den Bestimmungen der §§ 16 ff. der Gewerbeordnung über die Prüfung und Genehmigung beweglicher Dampfkessel behandelt wurden.

2. Die Anordnung zeitweiliger Nachprüfung der Betriebsmaschinen entspricht den anderweit bestehenden Vorschriften für Dampfkessel der Eisenbahnen, insbesondere also, was die stationären Kessel anlangt, dem § 3 des Gesetzes vom 3. Mai 1872 den Betrieb der Dampfkessel betr. und bezüglich der Lokomotiven dem § 9 des Bahnpolizeireglements vom 30. November 1885 und § 11 der Bahnordnung für Bahnen untergeordneter Bedeutung vom 12. Juni 1878 (cf. Motive).

3. Die Ausführungsanweisung bestimmt noch im besonderen:

„Sowohl bei der ihrer Einstellung in den Betrieb vorhergehenden, wie auch bei den späteren periodischen Prüfungen der Betriebsmaschinen sind diejenigen Vorschriften gleichmäßig zu beachten, welche jeweilig für die entsprechenden Prüfungen der auf Nebeneisenbahnen zur Verwendung kommenden Betriebsmaschinen gelten.

Die Bestimmungen der von dem Minister für Handel und Gewerbe am 16. März d. J. erlassenen Anweisung, betreffend die Genehmigung und Untersuchung der Dampfkessel, haben für die Dampfkessel in den Betriebsmaschinen der Kleinbahnen in Folge des § 20 des gegenwärtigen Gesetzes ihre Geltung verloren."

Zu § 21.

1. Die Anordnung, daß der Fahrplan und die Beförderungspreise bezw. die Aenderungen derselben vor ihrer Einführung öffentlich bekannt zu machen sind, hat nur den Zweck, das Publikum über dieselben zu orientiren. Ueber

die Art der Veröffentlichung der Fahrpläne und Beförderungspreise bestimmt die Ausführungsanweisung.

„Der Fahrplan und die Beförderungspreise für Personen und für Güter sind mindestens in einem öffentlichen Blatte, welches in der Genehmigungsurkunde zu diesem Zweck zu bestimmen ist, zur Kenntniß des Publikums zu bringen. Außerdem hat die Veröffentlichung durch Aushang in den dem Beförderungsverkehr gewidmeten Räumen, und zwar die Veröffentlichung des Fahrplans und der Personenbeförderungspreise in den Personenbahnhöfen, Wartehallen 2c., der Güterbeförderungspreise in den für die Güterbeförderung bestimmten Gebäuden oder Räumen stattzufinden."

2. Der Abs. 2 ist dem Paragraphen durch die Kommission des Abgeordnetenhauses hinzugefügt worden und zwar ist ausgehend von der auch von der Regierung getheilten Auffassung, daß die Anwendung der Personen- und Güter-Tarife für alle Interessenten gleichmäßig und ohne Ansehen der Person zu erfolgen habe, und daß also Refaktion verboten sein müßten.

In dieser Form fand der Paragraph nicht die Zustimmung des Herrenhauses, es setzte demselben vielmehr noch einen Abs. 3 hinzu, welcher lautet:

„Ermäßigungen der Beförderungspreise, welche nicht unter Erfüllung der gleichen Bedingungen Jedermann zu Gute kommen, sind unzulässig."

Eine klare und unzweideutige Aussprache darüber, was das Herrenhaus mit dieser veränderten Fassung des Paragraphen gewollt hat, ist nicht erfolgt. Ein Redner hat bei der Berathung der Vorlage im Herrenhause am 22. Juni 1892 ausdrücklich erklärt, daß er einen materiellen Unterschied zwischen der Vorlage des Abgeordnetenhauses und dem eingebrachten Antrage auf Abänderung dieser Vorlage durchaus nicht finden könne, das Wort gleichmäßig heiße auch nur „unter den gleichen Bedingungen." Der Antragsteller selbst erklärte in derselben Sitzung bei Begründung seines Abänderungsantrages folgendes:

> „Ich füge dem hinzu, daß auch das andere Haus meines Erachtens mit dieser Fassung einverstanden sein dürfte, weil die in dem anderen Hause vom Herrn Minister gemachten Ausführungen im Wesentlichen nichts anderes sind, als das, was dieses Amendement ihnen vorschlägt."

Entscheidend für den Antragsteller bei Einbringung seines Amendements war folgender von ihm vorgetragener Fall: Ein großes Fabriketablissement, das viele und große Transporte habe, könne mit dem an sich berechtigten Ersuchen an die Bahn herantreten, daß ihm für den Transport der ihm anzuliefernden Materialien und Rohprodukte ein billigerer als der festgesetzte Tarif bewilligt werde, wenn es sich zugleich verpflichte, der Bahn entsprechende Mengen Waaren zum Rücktransport zu überweisen. Nach der Vorlage des Abgeordnetenhauses sei eine solche Abmachung unzulässig, nicht aber nach dem von ihm eingebrachten Amendement, da in einem solchen Falle der Eisenbahnunternehmer allgemein seinen Frachttarif dahin abändern könne, daß in allen denjenigen Fällen, in welchen ihm von dem Verfrachter für die jedesmalige Hinfracht auch eine Rückfracht zugesagt werde, ein niedrigerer aber ganz bestimmter Frachtsatz für den Hin- und Rücktransport Platz greifen solle.

§. 22.

Rücksichtlich der Erfüllung der Genehmigungsbedingungen und der Vorschriften dieses Gesetzes ist jede Kleinbahn der Aufsicht der für ihre Genehmigung jeweilig zuständigen Behörde unterworfen. Bei den für den Betrieb mit Maschinenkraft eingerichteten Bahnen steht die eisenbahntechnische Aufsicht der zur Mitwirkung bei der Genehmigung berufenen Eisenbahnbehörde zu, sofern nicht der Minister der öffentlichen Arbeiten die Aufsicht einer anderen Eisenbahnbehörde überträgt.

Hiernach darf mit Sicherheit angenommen werden, daß auch nach der Absicht des Herrenhauses geheime Refaktien verboten sein sollen. Es ist nothwendig dies festzulegen, da der Ausdruck, „unter Erfüllung der gleichen Bedingungen" ein sehr dehnbarer ist, und die Möglichkeit besteht, daß dadurch, daß für die billigeren Tarife Bedingungen gestellt werden, welche nur Einzelne oder sogar nur ein Einzelner zu erfüllen in der Lage ist, auf diesem Umwege Refaktien eingeführt werden.

Zu § 22.

1. Dieser Paragraph regelt die Aufsichtsverhältnisse über das Kleinbahnunternehmen, nachdem die Bahn fertig gestellt und in Betrieb gesetzt worden ist, und zwar wird die Aufsicht über die im Betrieb befindliche Bahn derselben Behörde belassen, welche auch die Genehmigung zu ihrem Bau und Betriebe zu ertheilen hatte.

Die Motive äußern sich zu diesem Paragraphen:

> „Zur Vermeidung von Zweifeln in denjenigen Fällen, in denen wie bei den mit Maschinenbetrieb angelegten Bahnen die Genehmigung nicht in die Hand einer Behörde gelegt ist, sondern bei derselben zwei Behörden zusammen wirken, empfiehlt es sich, lediglich das Verhältniß dieser beiden Behörden zu einander in der Weise zu ordnen, daß die eisenbahntechnische Aufsicht der betheiligten Eisenbahnbehörde, die übrige Aufsicht der für die Genehmigung zuständigen Landespolizei-Behörde zusteht. Inwieweit bei der Ausübung des Polizeiverordnungsrechtes in Bezug auf Bahnen der hier bezeichneten Art ein vorgängiges Benehmen zwischen beiden Behörden stattzufinden haben wird, bleibt der Bestimmung der Ausführungsanweisung vorbehalten."

2. Die *Aufsicht* erstreckt sich auf die *Erfüllung der Genehmigungsbedingungen und der Vorschriften dieses Gesetzes*. Besondere Bedingungen bezüglich des Baus und Betriebes der Bahn können dem Unternehmer nur in der Genehmigungsurkunde und nicht auch noch später, z. B. während bestehenden Betriebes, auferlegt werden; es sei denn, daß eine neue Genehmigung für wesentliche Erweiterungen oder sonst wesentliche Aenderungen des Unternehmens, der Anlage oder des Betriebes nachträglich nachgesucht wird (§ 2).

Bei den mit Maschinenkraft angelegten Bahnen, also auch den elektrischen Bahnen, ist die Aufsicht zwischen den Behörden, welche bei ihrer Genehmigung zusammen zu wirken haben, getheilt; die eisenbahntechnische Aufsicht steht der Eisenbahnbehörde, die ganze übrige Aufsicht der Landespolizeibehörde zu. Ueber den Umfang der Aufsichtsrechte der eisenbahntechnischen Behörde, siehe Abs. 2 und 3 der Ausführungsbestimmungen zu diesem Paragraphen in Anm. 4.

3. In dem Gesetz ist die Frage, welche Behörde während der Zeit eines schwebenden Genehmigungsverfahrens über ein Unternehmen, für welches in diesem Genehmigungsverfahren eine andere Behörde, als bisher zuständig war, die Aufsicht führen soll. Diese Frage dürfte aus dem Sinne des Gesetzes dahin zu entscheiden sein, daß der Uebergang der Zuständigkeit von einer Behörde auf die andere auch hinsichtlich der Aufsicht über das bereits im Betrieb befindliche Unternehmen sich an die Rechtskraft derjenigen Entscheidung knüpft, von welcher der Uebergang bedingt wird, also an die Rechtskraft der Genehmigung durch diejenige Behörde, welche abweichend von der ursprünglichen Ordnung die Erweiterung oder Aenderung zu genehmigen hat, cf. die Anmerk. zu § 3 Abs. 3.

Die Ausführungsanweisung spricht sich in demselben Sinne aus.

4. Diese Ausführungsanweisung bestimmt zu diesem Paragraphen das Folgende:

„Die Aufsicht über die Kleinbahnen steht, soweit sie nicht eisenbahntechnischer Natur ist, mit Ausnahme des zu § 3 am Schlusse des erwähnten Falles, immer derjenigen Behörde zu, welche zuletzt für eine der dem Unternehmen zugehörigen Bahnen eine Genehmigung nach Maßgabe der §§ 2 und 3 ertheilt hat. Ist eine Genehmigung zur wesentlichen Erweiterung oder Aenderung des Unternehmens von einer andern als derjenigen Behörde ertheilt worden, durch welche die frühere Genehmigung erfolgt war, so beginnt die Zuständigkeit zur Beaufsichtigung des erweiterten oder veränderten Unternehmens mit der Rechtskraft der die Erweiterung oder Aenderung genehmigenden Urkunde an den Unternehmer.

Die Aufsicht über die zum Betrieb mit Maschinenkraft eingerichteteu Kleinbahnen, soweit sie nicht eisenbahntechnischer Natur ist, erfolgt ebenso wie die Genehmigung im Einvernehmen mit der vom Minister der öffentlichen Arbeiten zur Mitwirkung bei der Genehmigung berufenen Eisenbahnbehörde, sofern nicht eine andere Eisenbahnbehörde zur Aufsicht bestimmt wird. Bezügliche Anträge sind von der zur Mitwirkung bei der Genehmigung bezeichneten Eisenbahnbehörde an den Minister zu richten, falls sie die Uebertragung der Aufsicht an eine andere Eisenbahnbehörde nach Lage der Verhältnisse für zweckmäßig erachtet.

Die eisenbahntechnische Beaufsichtigung der Kleinbahnen mit Maschinenbetrieb wird von der Eisenbahnbehörde selbstständig ohne Mitwirkung des Regierungs- (Polizei-) Präsidenten gehandhabt. Sie beschränkt sich auf die Ueberwachung des Betriebs im engeren Sinne, welcher die betriebssichere Unterhaltung der Bahnanlage und der Betriebsmittel und die sichere und ordnungsmäßige Durchführung der Züge begreift. Bei Ausübung dieser Aufsicht muß sich die zuständige Behörde stets gegenwärtig halten, daß, worauf eingangs dieser Anweisung hingewiesen ist, Anforderungen an die Unternehmer, welche

§. 23.

Die Genehmigung kann durch Beschluß der Aufsichtsbehörde für erloschen erklärt werden, wenn die Ausführung der Bahn oder die Eröffnung des Betriebes nicht innerhalb der in der Genehmigung bestimmten oder der verlängerten Frist erfolgt.

§. 24.

Die Genehmigung kann zurückgenommen werden, wenn der Bau oder Betrieb ohne genügenden Grund unterbrochen oder wiederholt gegen die Bedingungen der Genehmigung oder die dem Unternehmer nach diesem Gesetze obliegenden Verpflichtungen in wesentlicher Beziehung verstoßen wird.

---

die Rücksicht auf die Betriebssicherheit nicht nothwendig erheischt, unbedingt zu vermeiden sind.

Polizeiliche Bestimmungen über den Betrieb auf den zum Betriebe mit Maschinenkraft eingerichteten Kleinbahnen sind nicht ohne die Zustimmung der Eisenbahnbehörde zu erlassen. Im Falle der Versagung der Zustimmung ist die Entscheidung des Ministers der öffentlichen Arbeiten einzuholen. Sofern zum Erlasse derartiger Verordnungen eine dem Regierungs-Präsidenten untergeordnete Behörde zuständig sein sollte, ist diese anzuweisen, sich vor dem Erlasse derselben seines Einverständnisses zu versichern. Auch für dies Einverständniß bedarf es der Zustimmung der Eisenbahnbehörde."

Zu § 23.

1. Die §§ 23, 24 und 25 ordnen die Fälle, in denen nachträglich die einmal ertheilte Genehmigung noch vor Ablauf ihrer Zeitdauer wieder aufgehoben werden „kann"; es bleibt durch dieses „kann" ins Ermessen der zuständigen Behörde gestellt, ob sie aus den in §§ 23 und 24 bezeichneten Verstößen des Unternehmers eine Entziehung der Genehmigung herbeiführen will, indem sie in den Fällen des § 23 den entscheidenden Beschluß faßt, oder in den Fällen des § 24 die Klage beim Oberverwaltungsgericht anstellt.

2. Gegen den Beschluß aus § 23 sind selbstverständlich die Rechtsmittel gemäß § 52 gegeben.

3. Die Fälle des § 23 sind dem Beschluß der Verwaltungsbehörde überlassen, weil es sich um die einfachen Fälle einer Fristüberschreitung handelt, in denen die Genehmigung eigentlich schon als verwirkt zu erachten ist.

4. Welche Behörde die Aufsichtsbehörde ist, ist im § 22 angegeben.

5. Das Erlöschen der Genehmigung ist nach der Ausführungsanweisung zu diesem Paragraph von der aufsichtführenden Behörde in dem Regierungsamtsblatt bekannt zu machen.

Zu § 24.

1. Die Motive äußern sich hierzu wie folgt:

„Wenn den betheiligten staatlichen Behörden auch die Befugniß beiwohnt, die Innehaltung der vorgeschriebenen Bedingungen für den Bau und Be-

§. 25.

Ueber die Zurücknahme entscheidet auf Klage der zur Ertheilung der Genehmigung zuständigen Behörde das Oberverwaltungsgericht.

§. 26.

Bei Erlöschen oder Zurücknahme der Genehmigung wird die für die Unterhaltung und Wiederherstellung öffentlicher Wege bestellte Sicherheit, soweit sie für den bezeichneten Zweck nicht in Anspruch zu nehmen ist, herausgegeben. Mangels anderweiter Vereinbarung hat der Wegeunterhaltungspflichtige die Wahl, die Wiederherstellung des früheren Zustandes, nöthigenfalls unter Beseitigung in den Weg eingebauter Theile der Bahnanlage, oder gegen angemessene Entschädigung den Uebergang der letzteren in sein Eigenthum zu verlangen.

---

trieb unter Anwendung der gesetzlichen Zwangsmittel zu erzwingen, so empfiehlt es sich doch im Interesse des öffentlichen Verkehrs und der Befriedigung der Bedürfnisse desselben, für besonders schwere Fälle der Verfehlung gegen die behördlichen Anordnungen oder bei Unterbrechungen im Bau und Betrieb die Möglichkeit einer Entziehung der Genehmigung zu gewähren, um Raum für geeignetere Unternehmen zu schaffen. Der Bedeutung der in diesem Falle in Mitleidenschaft gezogenen materiellen Interessen entspricht es, daß die Entscheidung in das mit allen Garantien sachlich zutreffender Rechtsprechung ausgerüstete Verwaltungsstreitverfahren gelegt und der oberste Verwaltungsgerichtshof zur Entscheidnng berufen ist."

2. Die Zurücknahme der Genehmigung kann ausgesprochen werden, wenn Verstöße gegen die Genehmigung oder die auf Grund derselben ertheilten Anordnungen der Behörde in wesentlicher Beziehung vorgekommen sind. Die Voraussetzungen, unter denen die Zurücknahme der Genehmigung möglich ist, sind sehr dehnbarer Natur, namentlich gilt dies von derjenigen, ob der Bau einer Eisenbahn ohne genügenden Grund unterbrochen worden ist. Man vermißt hierbei, daß die Unterbrechung selbst nicht näher qualifizirt ist, so daß möglicherweise jede noch so kurze Unterbrechung „ohne genügenden Grund" die Entziehung der Genehmigung zur Folge haben kann. Ein Korrektiv für diese Möglichkeit ist allerdings in den Worten „in wesentlicher Beziehung" enthalten.

3. Die Zurücknahme der Genehmigung ist nach der zu diesem und dem § 23 erlassenen Ausführungsanweisung im Regierungs-Amtsblatte bekannt zu machen.

Zu § 25.

1. Zur Klage ermächtigt ist die Aufsichtsbehörde, cf. § 22.

2. Das Oberverwaltungsgericht entscheidet in erster und letzter Instanz. Die Entscheidung ist dem Gerichte vorbehalten, um eine allseitig gerechte Würdigung der im § 24 angegebenen, sehr dehnbaren Voraussetzungen zur Klage möglichst zu sichern.

Macht der Unterhaltungspflichtige von dem ersteren Rechte Gebrauch, so geht das Eigenthum der zurückgelassenen Theile der Bahnanlage auf den Unterhaltungspflichtigen unentgeltlich über.

Im öffentlichen Interesse kann die Aufsichtsbehörde eine Frist festsetzen, vor deren Ablauf der Unterhaltungspflichtige nicht berechtigt ist, die Wiederherstellung des früheren Zustandes zu verlangen.

Zu § 26.

1. Ist der das Erlöschen der Genehmigung aussprechende Beschluß der Aufsichtsbehörde bezw. das Urtel des Oberverwaltungsgerichts, das die Zurücknahme der Genehmigung ausgesprochen hat, rechtskräftig geworden, so ist damit das Unternehmen als solches aufgelöst. Diese Auflösung des Unternehmens muß aber auch die Beseitigung der dazu gehörigen Anlagen im Gefolge haben. In erster Linie ist es der freien Vereinbarung des Unternehmers mit dem Wegeunterhaltungspflichtigen überlassen zu bestimmen, was mit den in die Wege eingebauten Theile der Bahnanlage geschehen soll. Kommt eine solche Vereinbarung nicht zustande, so hat der Wegeunterhaltungspflichtige die Wahl zwischen zwei Rechten, nämlich

a) dem Rechte, die Wiederherstellung des früheren Zustandes des Weges unter Beseitigung der in den Weg eingebauten Theile der Bahnanlage, sofern diese Beseitigung zur Wiederherstellung des früheren Zustandes nothwendig ist (— nöthigenfalls —);

b) dem Rechte, den Uebergang der in den Weg eingebauter Theile der Bahnanlage in sein Eigenthum gegen angemessene Entschädigung zu verlangen.

Macht der Wegeunterhaltungspflichtige von dem ersteren Rechte Gebrauch, so geht auf denselben außerdem noch das Eigenthum an denjenigen Theil der Anlagen über, welche der Unternehmer bei der vorgenommenen Wiederherstellung des Weges in den früheren Zustand in dem Wege zurückgelassen hat. (Abs. 2.) Diese letztere Bestimmung soll eine wiederholte Schädigung des Weges durch nachträgliche Herausnahme einzelner im Wege noch zurückgebliebener Theile der Bahnanlage verhindern.

2. Die in Absatz 3 enthaltene Einschränkung des oben unter a angeführten Rechtes des Wegeunterhaltungspflichtigen, daß Letzterem nämlich von der Aufsichtsbehörde eine Frist gesetzt werden könne, vor deren Ablauf er nicht berechtigt sei, die Wiederherstellung des früheren Zustandes des Weges zu verlangen, ist aus der Erwägung hervorgegangen, daß wenn Gründe des öffentlichen Interesses die Aufrechterhaltung des Unternehmens wünschenswerth machten, der Erreichung dieses Zieles durch jenes Eingreifen seitens der Aufsichtsbehörde genutzt werden könnte. Durch die Fristbestimmung würde den Betheiligten Zeit zur ruhigen Erwägung gegeben, ob und unter welchen Umständen sich das Unternehmen aufrecht erhalten ließe; fiele die Erwägung zu Gunsten der Aufrechterhaltung des Unternehmens aus, so würde das Ziel jedenfalls viel eher erreicht werden können, als wenn sofort nach Aufhören der Konzession auf Verlangen des Wegebaupflichtigen der frühere Zustand des Weges wieder hergestellt worden sei.

§. 27.

Ob und inwieweit bei Erlöschen (§. 23) oder Zurücknahme der Genehmigung wegen Unterbrechung des Baues oder Betriebes (§. 24) die für die Ausführung der Bahn oder die fristgemäße Eröffnung oder die Aufrechterhaltung des Betriebes bestimmten Geldstrafen verfallen, entscheidet unter Ausschluß des Rechtsweges der Minister der öffentlichen Arbeiten. Dieser beschließt über die Verwendung solcher Geldstrafen. Letztere sind zu Gunsten des früheren Unternehmens, anderenfalls ähnlicher Unternehmungen in dem betreffenden Landestheile zu verwenden.

Nach der zu diesem Absatz erlassenen Ausführungsanweisung soll vor der Beschlußfassung über Festsetzung einer derartigen Frist außer dem Wegeunterhaltungspflichtigen auch die Wegepolizeibehörde gehört werden.

3. Die für die Unterhaltung und Wiederherstellung der durch die Bahnanlage benutzten öffentlichen Wege bestellte Sicherheit ist insoweit herauszugeben, als sie nicht für diese Wegebauzwecke in Anspruch genommen worden ist.

Zu § 27.

1. Der Minister der öffentlichen Arbeiten hat allein darüber zu entscheiden, ob und inwieweit die Geldstrafen, welche dem Unternehmer nach § 11 Abs. 2 u. 3 dieses Gesetzes für die dort angegebenen Fälle auferlegt werden können, verfallen sind und weiter, wie diese verfallenen Geldstrafen zu verwenden sind. Diese Geldstrafen haben den Charakter von Konventionalstrafen zur Sicherung des öffentlichen Interesses. Der Rechtsweg über ihren Verfall sowohl, wie auch über ihre Verwendung mußte daher ausgeschlossen bleiben.

2. Die Verwendungszwecke der Geldstrafen sind im letzten Satze des Paragraphen angegeben, zu anderen Zwecken darf der Minister ihre Verwendung nicht anordnen.

3. Bezüglich des Erlöschens und Zurücknahme der Genehmigung gilt das zu § 26 Gesagte.

4. Die Ausführungsanweisung zu diesem Paragraph lautet:

„Liegt beim Erlöschen oder bei der Zurücknahme der Genehmigung wegen Unterbrechung des Baues und des Betriebes der Fall vor, daß über den Verfall und die Verwendung von Geldstrafen Entscheidung zu treffen ist, so ist von der Aufsichtsbehörde dem Minister der öffentlichen Arbeiten darüber Bericht zu erstatten, an welchen geeigneten Falles Vorschläge über die Verwendung verfallener Geldstrafen im Sinne dieses Gesetzes zu knüpfen sind. Bei Bahnen, welche mit Maschinenkraft betrieben werden, haben die Regierungs-Präsidenten ihren Bericht zunächst der eisenbahntechnischen Behörde mitzutheilen, damit diese in der Lage ist, sich auch ihrerseits zur Sache zu äußern."

§. 28.

Unternehmer von Kleinbahnen sind verpflichtet, sich den Anschluß anderer Bahnen gefallen zu lassen, sofern die Behörde, welche die Genehmigung für die Bahn, an welche der Anschluß erfolgen soll, ertheilt hat, mit Rücksicht auf die Konstruktion und den Betrieb der Bahn den Anschluß für zulässig erachtet. Dieselbe Behörde entscheidet auch darüber, wo und in welcher Weise der Anschluß erfolgen soll, regelt in Ermangelung einer gütlichen Vereinbarung die Verhältnisse beider Unternehmer zu einander und setzt vorbehaltlich des Rechtsweges die dem erstgedachten Bahnunternehmer für die Benutzung oder Veränderung seiner Anlagen zu leistende Vergütung fest.

§. 29.

Unternehmer von Kleinbahnen können die Gestattung des Anschlusses ihrer Bahnen an Eisenbahnen verlangen, welche dem Gesetze über die Eisenbahnunternehmungen vom 3. November 1838 unterliegen, sofern der Minister der öffentlichen Arbeiten mit Rücksicht auf die Konstruktion und den Betrieb der letzteren den Anschluß für zulässig erachtet. Darüber, wo und in welcher Weise der Anschluß herzustellen ist, und über die Verhältnisse beider Unternehmer

---

Zu § 28.

1. Der Unternehmer einer Kleinbahn ist verpflichtet, sich den Anschluß einer jeden anderen Bahn, also nicht nur einer Kleinbahn, sondern auch einer Voll- oder Nebenbahn, gefallen zu lassen. Nur wenn die Konstruktion oder der Betrieb der Bahn, an welche der Anschluß erfolgen soll, den letzteren unmöglich macht, ist der Anschluß durch die im Paragraphen angegebene Behörde für unzulässig zu erklären.

2. Unter Gestattung des Anschlusses ist die Benutzung des Geleises der Bahn, welche sich den Anschluß gefallen lassen muß, nicht zu verstehen, es ist vielmehr nur die Zulassung der direkten Schienenverbindung gemeint, so daß Personen oder Güter von dort aus auf der den Anschluß gestattenden Linie direkt weiter geführt werden können. cf. Kommissions-Bericht Seite 36.

3. Im Uebrigen cf. die Anm. zu § 10.

Zu § 29.

1. Die Entscheidung über den Anschluß einer Kleinbahn an eine Bahn, welche dem Eisenbahngesetze von 1838 unterliegen, mußte dem Minister der öffentlichen Arbeiten übertragen werden. Da nach § 4 des vorcitirten Gesetzes ausschließlich diesem die Befugniß zusteht, über die Konstruktionsverhältnisse der letzteren Bahnen Bestimmungen zu treffen.

zu einander, insbesondere über die dem Eisenbahnunternehmer für die Benutzung oder Veränderung seiner Anlagen zu leistende Vergütung entscheidet, in letzterer Beziehung unter Vorbehalt des Rechtsweges, der Minister der öffentlichen Arbeiten.

§. 30.

Haben Kleinbahnen nach Entscheidung des Staatsministeriums eine solche Bedeutung für den öffentlichen Verkehr gewonnen, daß sie als Theil des allgemeinen Eisenbahnnetzes zu behandeln sind, so kann der Staat den eigenthümlichen Erwerb solcher Bahnen gegen Entschädigung des vollen Werthes nach einer mit einjähriger Frist vorangegangenen Ankündigung beanspruchen.

---

2. In der Kommissionssitzung der Herrenhauses gab ein Regierungskommissar die Erklärung ab, daß prinzipiell der Anschluß der schmalspurigen Bahnen nicht ausgeschlossen sei, sofern ein solcher technisch zu ermöglichen wäre. Des Weiteren, daß Umladevorrichtungen für solche Bahnen, welche technisch nicht mit der Vollbahn verbunden werden könnten, nach der bisherigen Verwaltungspraxis als Anschlüsse nicht angesehen worden seien.

3. Die hier vorgesehene Pflicht der Eisenbahnen, welche dem fraglichen Gesetze von 1838 unterliegen, sich den Anschluß an Kleinbahnen gefallen lassen zu müssen, erstreckt sich auch auf die Staatsbahnen (cf. Erklärung des Ministers für öffentliche Arbeiten in der Sitzung vom 14. Juni 1892).

4. Im Uebrigen cf. die Anm. zu §§ 10 u. 28.

Zu § 30.

1. Eine Kleinbahn kann unter Umständen so an Bedeutung für den öffentlichen Verkehr gewinnen, daß sie als ein Theil des allgemeinen Eisenbahnnetzes zu erachten ist. Für diesen Fall hat der Staat nicht das Recht, den Unternehmer zu der alsdann zwecks Unterstellung des Unternehmens unter das Eisenbahngesetz von 1838 nöthigen Umgestaltung desselben zu zwingen; er hat sich vielmehr das Recht vorbehalten, das Unternehmen nach Maßgabe der §§ 31—37 zu erwerben.

2. Zuständig für die Entscheidung der Frage, ob die Voraussetzungen für die Erwerbung durch den Staat vorliegen, ist entsprechend der im § 1 Abs. 3 enthaltenen Vorschrift das Staatsministerium.

3. Als einen Theil des allgemeinen Eisenbahnnetzes wird eine Eisenbahn stets dann zu gelten haben, wenn sie dem allgemeinen Verkehrsinteresse und nicht blos dem lokalen Verkehre oder dem Verkehrsinteresse nur Einzelner dient.

4. Zur Ausführung der Bestimmungen dieses Paragraphen ordnet die Ausführungsanweisung folgendes an:

Von der Aufsichtsbehörde ist an den Minister der öffentlichen Arbeiten zu berichten, sobald ihres Erachtens die Voraussetzungen für die Anwendung des § 30 eingetreten sind. Ist die Bahn zum Betriebe mit Maschinenkraft eingerichtet, so bedarf es dieser Berichterstattung, wenn auch nur eine der be-

§. 31.

Der Erwerb (§. 30) erfolgt unter sinngemäßer Anwendung der Bestimmungen des §. 42 Nr. 4a bis d des Gesetzes über die Eisenbahnunternehmungen vom 3. November 1838, mit der Maßgabe, daß der Berechnung des 25fachen Betrages nach §. 42 Nr. 4a des vorerwähnten Gesetzes das steuerpflichtige Einkommen nach den Bestimmungen des Einkommensteuergesetzes vom 24. Juni 1891 (Gesetz-Samml. S. 175) zu Grunde zu legen ist, jedoch bei den Aktiengesellschaften und Kommanditgesellschaften auf Aktien der Abzug von $3^1/_2$ Prozent des eingezahlten Aktienkapitals (§. 16 Einkommensteuergesetz) fortfällt. Erstreckt sich die Kleinbahn über das Gebiet des Preußischen Staates hinaus in andere Deutsche Bundesstaaten, so ist gleichwohl das Einkommen aus dem gesammten Betriebe der Berechnung der Entschädigung zu Grunde zu legen. War das zu erwerbende Unternehmen noch nicht 5 Jahre im Betriebe, so ist für die Berechnung der Entschädigung der Jahresdurchschnitt des bisher erzielten Reingewinnes maßgebend. — Ist eine Aktiengesellschaft Unternehmer der zu erwerbenden Bahn, so bedarf es nicht der Einlösung der Aktien von den einzelnen Aktionären, sondern nur der Zahlung der Gesammtentschädigung an die Gesellschaft.

---

theiligten Behörden, der Regierungs-Präsident oder die Eisenbahnbehörde, den Fall des § 30 für gegeben erachtet. Der Bericht ist von der diese Voraussetzung bejahenden Behörde zu erstatten und mit der gutachtlichen Aeußerung der dissentirenden Behörde einzureichen."

Zu § 31.

1. Bei Berathung dieses Paragraphen war im Plenum das Bedenken angeregt worden, ob das im 2. Satze enthaltene Wort „gleichwohl" nicht zu Mißdeutungen Veranlassungen geben könnte. Aus der Erwägung indeß, daß das Wort gleichwohl an dieser Stelle nur die Bedeutung von „in gleicher Weise" haben könne, wurde ein Antrag, das Wort „gleichwohl" durch die letzteren Worte zu ersetzen, abgelehnt.

2. Die einschlägigen Paragraphen des Einkommensteuergesetzes vom 24. Juni 1892 und des Eisenbahngesetzes von 1838 lauten:

a) § 16 des Einkommensteuergesetzes:

§ 16. Als steuerpflichtiges Einkommen der im § 1 Nr. 4 und 5 bezeichneten Steuerpflichtigen gelten unbeschadet der Vorschrift im § 6 Nr. 1 die Ueberschüsse, welche als Aktienzinsen oder Dividenden, gleichviel unter welcher Benennung, unter die Mitglieder vertheilt werden, und zwar unter Hinzurechnung der zur Tilgung der Schulden oder des Grundkapitals, zur Verbesserung oder Geschäftserweiterung, sowie zur Bildung von Reservefonds — soweit solche nicht bei den Versicherungsgesellschaften zur Rücklage für die Versicherungssummen bestimmt sind — verwendeten Beträge,

jedoch nach Abzug von 3½ Prozent des eingezahlten Aktienkapitals. An Stelle des letzteren tritt bei eingetragenen Genossenschaften die Summe der eingezahlten Geschäftsantheile der Mitglieder, bei Berggewerkschaften das aus dem Erwerbspreise und den Kosten der Anlage und Einrichtung bezw. Erweiterung des Bergwerks sich zusammensetzende Grundkapital oder, soweit diese Kosten vor dem 1. April 1892 aufgewendet sind, nach Wahl der Pflichtigen der zwanzigfache Betrag der im Durchschnitt der letzten vier Jahre vor dem Inkrafttreten dieses Gesetzes vertheilten Ausbeute.

Im Falle des § 2b gilt als steuerpflichtiges Einkommen derjenige Theil der vorbezeichneten Ueberschüsse, welcher auf den Geschäftsbetrieb in Preußen bezw. auf das Einkommen aus Preußischem Grundbesitz entfällt.

b) § 1 des Einkommensteuergesetzes:

§ 1. Einkommensteuerpflichtig sind:

1. die ....

4. Aktiengesellschaften, Kommanditgesellschaften auf Aktien und Berggewerkschaften, welche in Preußen einen Sitz haben, sowie diejenigen eingetragenen Genossenschaften, deren Geschäftsbetrieb über den Kreis ihrer Mitglieder hinausgeht;

c) § 6 Nr. 1 des Einkommensteuergesetzes:

§ 6. Von der Besteuerung sind ausgeschlossen:

1. das Einkommen aus den in anderen Deutschen Bundesstaaten oder in einem Deutschen Schutzgebiete belegenen Grundstücken, den daselbst betriebenen Gewerben, sowie aus Besoldungen, Pensionen und Wartegeldern, welche Deutsche Militärpersonen und Civilbeamte, sowie deren Hinterbliebene aus der Kasse eines anderen Bundesstaates beziehen (§ 4 des Gesetzes vom 13. Mai 1870, B.G.B. S. 119);

d) § 42 des Gesetzes über die Eisenbahn-Unternehmungen vom 3. Novbr. 1838.

4. Die Enschädigung der Gesellschaft erfolgt sodann nach folgenden Grundsätzen:

a) Der Staat bezahlt an die Gesellschaft den fünf und zwanzigfachen Betrag derjenigen jährlichen Dividende, welche an sämmtliche Aktionäre im Durchschnitt der letzten fünf Jahre ausbezahlt worden ist.

b) Die Schulden der Gesellschaft werden ebenfalls vom Staate übernommen und in gleicher Weise, wie dies der Gesellschaft obgelegen haben würde, aus der Staatskasse berichtigt, wogegen auch alle etwa vorhandenen Aktiv-Forderungen auf die Staatskasse übergehen.

c) Gegen Erfüllung obiger Bedingungen geht nicht nur das Eigenthum der Bahn und des zur Transport-Unternehmung gehörigen Inventariums sammt allem Zubehör auf den Staat über, sondern es wird demselben auch der von der Gesellschaft angesammelte Reservefonds mit übereignet.

§. 32.

Der Unternehmer kann verpflichtet werden, über jede Bahn, für welche ihm eine besondere Genehmigung ertheilt worden ist, dergestalt Rechnung zu führen, daß der Reinertrag derselben, und wenn der Unternehmer eine Aktiengesellschaft ist, die von derselben gezahlte Dividende daraus mit Sicherheit entnommen werden kann.

Die Vernachlässigung dieser Verpflichtung begründet für den Staat das Recht, die Berechnung der Entschädigung nach dem Sachwerthe (§§. 33 bis 35) zu verlangen.

§. 33.

Der Unternehmer kann Entschädigung nach dem Sachwerthe verlangen, wenn das Unternehmen noch nicht länger als fünfzehn Jahre im Betriebe ist. Erfolgt die Erwerbung durch den Staat in den ersten fünf Jahren des Betriebes, so werden dem Sachwerth 20 Prozent, erfolgt sie in den nachfolgenden zehn Jahren, so werden demselben 10 Prozent zugeschlagen.

---

d) Bis dahin, wo die Auseinandersetzung mit der Gesellschaft nach vorstehenden Grundsätzen regulirt, die Einlösung der Aktien und die Uebernahme der Schulden erfolgt ist, verbleibt die Gesellschaft im Besitze und in der Benutzung der Bahn.

Zu § 32.

1. Der Regierungsentwurf enthielt die allgemeine Verpflichtung des Unternehmers für jede Bahn, für welche eine besondere Genehmigung ertheilt worden sei, getrennte Rechnung zu führen. Mit dem Hinweis darauf, daß dies in manchen Fällen kaum ausführbar sein würde, wurde beantragt, jene Verpflichtung nicht unbedingt, sondern nur fakultativ auszusprechen. Der Regierungskommissar erklärte sich in der Kommission des Abgeordnetenhauses mit diesem Antrage einverstanden, wobei er als Grund für jene Bestimmung angab, daß der Staat, falls er in die Lage komme, eine Bahn erwerben zu müssen, auch in die Lage gebracht werden müsse, vorher eine genaue Feststellung über den Reinertrag der betreffenden Strecke zu treffen.

2. Von der Verpflichtung des Unternehmers zur Führung getrennter Betriebsrechnungen kann nach der erlassenen Ausführungsanweisung abgesehen werden, wenn die Gesammtunternehmung keine andere Bahnen enthält als städtische Bahnen für den Personenverkehr und Bahnen, welche wie z. B. Drahtseilbahnen, zum Anschluß an das Eisenbahnnetz sich nicht eignen.

Zu § 33.

Die Motive sagen zu diesem Paragraphen:

„Da in den ersten Jahren eines Unternehmens der Reinertrag desselben hinter der bei voller Entwickelung zu erwartenden Höhe zurückzubleiben pflegt,

§. 34.

Im Falle der Entschädigung nach dem Sachwerthe bilden den Gegenstand des Erwerbes alle dem Unternehmen unmittelbar oder mittelbar gewidmeten Sachen und Rechte des Unternehmers, die Forderungen und Schulden jedoch nur insoweit, als dieselben nach beiderseitigem Einverständnisse auf den Staat übergehen sollen. In die mit den Beamten und Arbeitern bestehenden Verträge tritt der Staat ein, ebenso in solche Verträge, welche zur Beschaffung des für das Unternehmen erforderlichen Materials abgeschlossen sind.

Für alle Bestandtheile ist der volle Werth zu vergüten.

---

würden die Unternehmer bei ausnahmsloser Anwendung der Berechnung nach Ertragswerth öfter zu Schaden kommen. Es erscheint daher zweckmäßig, dem Unternehmer zu seiner Sicherung das Recht beizulegen. An Stelle der Berechnung der Entschädigung nach dem Reinertrage eine solche Berechnung nach dem Sachwerthe zu verlangen. Die Definition dessen, was unter Sachwerth zu verstehen ist, war dabei so zu fassen, daß dem Unternehmer alle Vortheile zu Theil werden, welche mit der praktischen Durchführung einer Einschätzung nach dem Sachwerthe vereinbar sind.

Nach den in Bezug auf Bahnen der vorliegenden Art gemachten Erfahrungen wird ein Zeitraum von 15 Jahren selbst in ungünstigen Fällen ausreichen, um die volle Entwickelung des Unternehmens herbeizuführen. Um einen Ausgleich dafür zu bieten, daß der Sachwerth eines Theils in der Regel nicht unerheblich hinter den von dem Unternehmer gemachten Aufwendungen zurückbleibt, daß andererseits letztere in den ersten Jahren häufig nur theilweise sich verzinsen, ist im Interesse der Unternehmer ein mit dem Zeitablauf abnehmender Zuschlag zu dem Sachwerthe vorgesehen."

Zu § 34.

1. Welche Rechte dem Unternehmen mittelbar oder unmittelbar gewidmet sind, ist Frage thatsächlicher Natur, die bei jedem Unternehmen anders zu entscheiden sein wird; die Forderungen und Schulden gehen beim Erwerb einer Bahn auf den Staat nur insoweit über, als über dieselben besondere Abmachungen getroffen sind.

2. Die Frage, ob die bei einem Unternehmen etwa vorhandenen Pensionsfonds auch auf den Staat übergehen sollen, ist im Gesetze nicht entschieden; es wird jedes Mal darauf ankommen, ob ein vorhandener Pensionsfonds lediglich als eine Privateinrichtung der Beamten des Unternehmens anzusehen ist, oder ob es sich um Pensionsfonds handelt, zu dem auch der Unternehmer einen vertragsmäßigen Zuschuß geleistet hat und auf welche die Beamten ein Recht haben. Im letzteren Falle wird der Pensionsfonds als ein Zubehör des Unternehmens zu gelten haben, nicht auch im ersteren Falle.

3. Unter Vergütung des vollen Werthes für alle Bestandtheile wird der Anlagewerth abzüglich der Abnutzung zu verstehen sein.

§. 35.

Die Abschätzung und die Festsetzung der Entschädigung für die Bestandtheile des Unternehmens (§. 34) erfolgt nach einem von dem Unternehmer aufzustellenden Inventar, über dessen Richtigkeit und Vollständigkeit erforderlichen Falles zu verhandeln und von dem Bezirksausschusse zu entscheiden ist.

§. 36.

Die Festsetzung der Entschädigung (§§. 31 und 33 bis 35) erfolgt, vorbehaltlich des beiden Theilen zustehenden, innerhalb sechs Monaten nach Zustellung des Festsetzungsbeschlusses zu beschreitenden Rechtsweges, durch den Bezirksausschuß unter sinngemäßer Anwendung der §§. 24 bis 29 des Enteignungsgesetzes vom 11. Juni 1874.

Der Bezirksausschuß ist auch für das Vollziehungsverfahren zuständig.

Zu § 35.

1. Wie für die Berechnung der Entschädigung nach dem Ertragswerthe eine besondere Buchung zur Grundlage dienen soll, so ist als Unterlage für die Berechnung nach dem Sachwerth ein von dem Unternehmer aufzustellendes und geordnet zu führendes, auf seine Richtigkeit zu prüfendes Inventar vorzusehen, cf. Motive.

2. Ueber die vor dem Bezirksausschusse stattzufindende Verhandlung über die Richtigkeit und Vollständigkeit des Inventars siehe die Bemerkungen zu §§ 36 und 37.

Zu § 36.

1. Die unter sinngemäßer Anwendung der §§ 24—29 des Enteignungsgesetzes vorzunehmende Festsetzung der Entschädigung für die durch den Staat geschehene Erwerbung einer Kleinbahn erfolgt durch den Bezirksausschuß.

2. Die Feststellung hat nach § 24 des Enteignungsgesetzes auf den Antrag des Unternehmers zu erfolgen.

Der Entscheidung des Bezirksausschusses hat eine kommissarische Verhandlung über die beiderseitig erhobenen Ansprüche zwischen den Betheiligten voranzugehen; erfolgt hierbei eine Vereinbarung zwischen den letzteren, so ist hierüber ein Protokoll aufzunehmen, das die Kraft einer gerichtlichen oder notariellen Urkunde hat. Zu der kommissarischen Verhandlung sind ein bis drei Sachverständige zuzuziehen, über welche die Parteien sich einigen können, andernfalls dieselben von dem Bezirksausschuß ernannt werden. Das Gutachten muß schriftlich eingereicht oder zu Protokoll erklärt werden. Die Feststellung der Entschädigung erfolgt mittelst motivirten Beschlusses.

3. Innerhalb 6 Monaten nach Zustellung des Festsetzungsbeschlusses steht dem Fiskus und dem Bahnunternehmer die Beschreitung des Rechtsweges und zwar gegen den Feststellungsbeschluß zu. Die administrative Feststellung muß daher erfolgt sein, ehe zur Klage geschritten werden kann. Die sechsmonatliche Frist ist keine Verjährungs-, sondern eine Präklusiv-Frist.

§. 37.

Auf die Ermittelung der Entschädigung finden die §§. 24 bis 28, auf die Vollziehung der Enteignung die §§. 32 bis 37, auf das Verfahren vor dem Bezirksausschusse und auf die Wirkungen der Enteignung die §§. 39 bis 46 des Enteignungsgesetzes vom 11. Juni 1874 sinngemäße Anwendung.

Die Entschädigung für Bestandtheile des Unternehmens, welche im Inventar verzeichnet und bei Feststellung der Gesammtentschädigung berücksichtigt, bei der Vollziehung der Enteignung aber nicht mehr vorhanden sind, ist von dem Unternehmer zurückzuerstatten. Für Bestandtheile, welche bei Vollziehung der Enteignung über das Inventar hinaus vorhanden sind, ist auf Antrag des Unternehmers von dem Bezirksausschusse nachträglich die vom Staate zu gewährende Entschädigung festzusetzen.

---

4. Nach rechtskräftiger Feststellung der Entschädigung sowie Leistung dieser Entschädigung erfolgt das sogen. Vollziehungsverfahren, d. h. dasjenige Verfahren, in dem die Uebertragung des Eigenthums und der Besitzanweisung des Eisenbahnunternehmens an den Staat erfolgt. Auch für dieses Verfahren ist der Bezirksausschuß zuständig.

Zu § 37.

1. Die in dem Abs. 1 allegirten Bestimmungen des Enteignungsgesetzes vom 11. Juni 1874 lauten:

§ 24. Der Antrag auf Feststellung der Entschädigung ist von dem Unternehmer schriftlich bei der Bezirksregierung einzubringen.

Der Antrag muß das zu enteignende Grundstück, dessen Eigenthümer, sowie, wo nur eine Belastung in Frage steht, die Art und den Umfang derselben genau bezeichnen (§ 18).

Dem Antrage ist zum Nachweis der Rechte am Grundstück ein beglaubigter Auszug aus dem Grundbuch (Hypothekenbuch, Währschaftsbuch, Stockbuch), wo aber ein solches nicht vorhanden ist oder nicht ausreicht, eine Bescheinigung des Ortsvorstandes oder der sonst zur Ausstellung solcher Bescheinigungen berufenen Behörde über den Eigenthumsbesitz und die bekannten Realrechte beizufügen. Diese Urkunden haben die betreffenden Behörden dem Unternehmer auf Grund der Feststellung (§ 21) oder einer sonstigen Bescheinigung der Regierung gegen Erstattung der Kopialien zu ertheilen, auch demselben Einsicht des Grundbuchs u. s. w. zu gestatten.

Gleichzeitig mit Ertheilung des Auszugs hat die Grundbuchbehörde, soweit die betreffenden Grundbücher dazu geeignet sind und zwar ohne weiteren Antrag, eine Vormerkung über das eingeleitete Enteignungsverfahren im Grundbuche einzutragen, deren Löschung mit vollzogener Enteignung (§ 33) oder auf besonderes Ersuchen der Regierung erfolgt. Auch hat dieselbe während der Dauer des Enteignungsverfahrens von jeder an dem Grundstücke eintretenden Rechtsveränderung welche für die Vertretung des Grundstücks oder die Auszahlung der Entschädigung von Bedeutung ist, von Amtswegen der Enteignungsbehörde Nachricht zu geben.

§ 25. Der Entscheidung der Bezirksregierung muß eine kommissarische Verhandlung mit den Betheiligten unter Vorlegung des definitiv festgestellten Planes vorangehen.

Der Kommissar hat auf Grund der nach § 24 beizubringenden Urkunden darauf zu achten, daß das Verfahren gegen den wirklichen Eigenthümer gerichtet wird.

Er hat den Unternehmer, den Eigenthümer, sowie auch Nebenberechtigte, welche sich zur Theilnahme an dem Verfahren gemeldet haben, zu einem nöthigenfalls an Ort und Stelle abzuhaltenden Termine vorzuladen.

Alle übrigen Betheiligten werden durch eine in dem Regierungs-Amtsblatt und in dem betreffenden Kreisblatt, sowie geeignetenfalls in sonstigen Blättern bekannt zu machende Vorladung aufgefordert, ihre Rechte im Termine wahrzunehmen.

Die Ladungen erfolgen unter der Verwarnung, daß beim Ausbleiben der Geladenen ohne deren Zuthun die Entschädigung festgestellt und wegen Auszahlung oder Hinterlegung der letzteren werde verfügt werden.

In dem Termine ist jeder an dem zu enteignenden Grundstücke Berechtigte befugt, zu erscheinen und sein Interesse an der Feststellung der Entschädigung, sowie bezüglich der Auszahlung und Hinterlegung derselben wahrzunehmen.

In dem Termine hat der Grundeigenthümer seine Anträge auf vollständige Uebernahme eines theilweise in Anspruch genommenen Grundstücks (§ 9) anzubringen. Spätere Anträge dieser Art sind unzulässig.

§ 26. Der Kommissar hat eine Vereinbarung der Betheiligten zu Protokoll zu nehmen und ihnen eine Ausfertigung auf Verlangen zu ertheilen.

Das Protokoll hat die Kraft einer gerichtlichen oder notariellen Urkunde. In Bezug auf die Rechtsverbindlichkeit der vor dem Kommissar abgeschlossenen Verträge kommen die Bestimmungen des § 17 Absatz 2 und 5 zur Anwendung.

§ 27. Zu der kommissarischen Verhandlung sind ein bis drei Sachverständige zuzuziehen, welche von der Bezirksregierung entweder für das ganze Unternehmen oder einzelne Theile desselben zu ernennen sind. Doch steht auch den Betheiligten zu, sich vor dem Abschätzungstermine über Sachverständige zu einigen, und dieselben dem Kommissar zu bezeichnen.

Die ernannten Sachverständigen müssen die in den betreffenden Prozeßgesetzen vorgeschriebenen Eigenschaften eines völlig glaubwürdigen Zeugen besitzen; dieselben dürfen insbesondere nicht zu denjenigen Personen gehören, die selbst als Entschädigungsberechtigte von der Enteignung betroffen sind.

§ 28. Das Gutachten wird von den Sachverständigen entweder mündlich zu Protokoll erklärt oder schriftlich eingereicht. Dasselbe muß mit Gründen unterstützt und beeidet werden. Sind die Sachverständigen ein- für allemal als solche vereidet, so genügt die Versicherung der Richtigkeit des Gutachtens auf den geleisteten Eid im Protokoll oder unter dem schriftlich eingereichten Gutachten.

Den Betheiligten ist vor der Entscheidung der Bezirksregierung (§ 29) Gelegenheit zu geben, über das Gutachten sich auszusprechen.

§ 32. Die Enteignung des Grundstücks wird auf Antrag des Unternehmers von der Bezirksregierung ausgesprochen, wenn der nach § 30 vorbehaltene Rechtsweg dem Unternehmer gegenüber durch Ablauf der sechsmonatlichen Frist, Verzicht oder rechtskräftiges Urtheil erledigt, und wenn nachgewiesen ist, daß die vereinbarte (§§ 16, 26) oder endgültig festgestellte Entschädigungs- oder Kautionssumme rechtsgültig gezahlt oder hinterlegt ist.

Die Enteignungserklärung schließt, insofern nicht ein Anderes dabei vorbehalten wird, die Einweisung in den Besitz in sich.

§ 33. Gleichzeitig mit der Enteignungserklärung hat die Regierung da, wo nach den bestehenden Gesetzen von dem Eigenthumsübergange Nachricht zu den Gerichtsakten zu nehmen ist, oder wo zur Eintragung des Eigenthumsüberganges bestimmte öffentliche Bücher bestehen, der zuständigen Gerichts- oder sonstigen Behörde von der Enteignung Nachricht zu geben, beziehungsweise dieselbe um Bewirkung der Eintragung zu ersuchen. Der Enteignungsbeschluß der Regierung steht hierbei dem Erkenntnisse eines Gerichts gleich.

§ 34. In dringlichen Fällen kann die Regierung auf Antrag des Unternehmers anordnen, daß noch vor Erledigung des Rechtsweges die Enteignung erfolgen solle, sobald die durch Regierungsbeschluß (§ 29) festgestellte Entschädigungs- oder Kautionssumme gezahlt oder hinterlegt worden.

Diese Anordnung kann unter Umständen auch von vorgängiger Leistung einer besonderen Kaution abhängig gemacht werden.

Gegen die Anordnung der Regierung in diesen Fällen steht innerhalb dreier Tage nach der Zustellung jedem Betheiligten der Rekurs an die vorgesetzte Ministerialinstanz offen.

§ 35. Jeder Betheiligte kann binnen sieben Tagen nach dem ihm bekannt gemachten, die Dringlichkeit aussprechenden Beschlusse verlangen, daß der Enteignung eine Feststellung des Zustandes von Gebäuden oder künstlichen Anlagen voraufgehe.

Dieselbe ist bei dem Gerichte der belegenen Sache (Amtsgerichte, Friedensgerichte) mündlich zu Protokoll oder schriftlich zu beantragen.

Das Gericht hat den Termin schleunigst und nicht über sieben Tage hinaus anzuberaumen und hiervon die Betheiligten und die Regierung zeitig zu benachrichtigen.

Die Zuziehung eines oder mehrerer Sachverständigen kann auch von Amtswegen angeordnet werden. Sind die Parteien über die Sachverständigen nicht einig, so ernennt das Gericht dieselben.

Die Enteignung kann nicht vor Beendigung dieses Verfahrens erfolgen, von welcher das Gericht die Regierung zu benachrichtigen hat.

§ 36. Die Entschädigungssumme wird an denjenigen bezahlt, für welchen die Feststellung stattgefunden hat.

Dieselbe wird in Ermangelung abweichender Vertragsbestimmungen von dem Unternehmer mit fünf Prozent vom Tage der Enteignung verzinst, soweit sie zu dieser Zeit nicht bezahlt oder in Gemäßheit des § 37 hinterlegt ist.

Wird die durch Beschluß der Regierung festgesetzte Entschädigungssumme durch die gerichtliche Entscheidung herabgesetzt, so erhält der Unternehmer den gezahlten Mehrbetrag ohne Zinsen, den hinterlegten Mehrbetrag aber mit den davon in der Zwischenzeit etwa aufgesammelten Zinsen zurück.

§. 37. Der Unternehmer ist verpflichtet, die Entschädigungssumme zu hinterlegen:

1. wenn neben dem Eigenthümer Entschädigungsberechtigte vorhanden sind, deren Ansprüche an die Entschädigungssumme zur Zeit nicht feststehen;
2. wenn das betreffende Grundstück Fideikommiß oder Stammgut ist, oder im Lehn- oder Leiheverbande steht;
3. wenn Reallasten, Hypotheken oder Grundschulden auf dem betreffenden Grundstück haften.

Die Hinterlegung erfolgt bei derjenigen Stelle, welche für den Bezirk der belegenen Sache zur Annahme von Hinterlegungen der betreffenden Art, beziehungsweise von gerichtlichen Hinterlegungen bestimmt ist.

Ueber die Rechtmäßigkeit der Hinterlegung findet ein gerichtliches Verfahren nicht statt. Jeder Betheiligte kann sein Recht an der hinterlegten Summe gegen den dasselbe bestreitenden Mitbetheiligten im Rechtswege geltend machen. Soweit nach dem Rechte einzelner Landestheile ein gerichtliches Vertheilungsverfahren in derartigen Fällen stattfindet, behält es dabei sein Bewenden.

§ 39. Alle Vorladungen und Zustellungen im Enteignungsverfahren sind gültig, wenn sie nach den für gerichtliche Behändigungen bestehenden Vorschriften erfolgt sind. Die vereideten Verwaltungsbeamten haben dabei den Glauben der zur Zustellung gerichtlicher Verfügungen bestellten Beamten.

§ 40. Verwaltungsbehörden und Gerichte haben die Beweisfrage unter Berücksichtigung aller Umstände nach freier Ueberzeugung zu beurtheilen.

§ 41. Wo dieses Gesetz die Anordnung einer Kaution vorschreibt oder zuläßt, ist gleichwohl der Fiskus von der Kautionsleistung frei.

§ 42. Wenn der Unternehmer von dem ihm verliehenen Enteignungsrechte nicht binnen der in § 21 gedachten Zeit Gebrauch macht, oder von dem Unternehmen zurücktritt, bevor die Festsetzung der Entschädigung durch Beschluß der Regierung erfolgt ist, so erlischt jenes Recht. Der Unternehmer haftet in diesem Falle den Entschädigungsberechtigten im Rechtswege für die Nachtheile, welche denselben durch das Enteignungsverfahren erwachsen sind.

Tritt der Unternehmer zurück, nachdem bereits die Feststellung der Entschädigung durch Beschluß der Regierung erfolgt ist, so hat der Eigenthümer die Wahl, ob er lediglich Ersatz für die Nachtheile, welche ihm durch das Enteignungsverfahren erwachsen sind, oder Zahlung der festgestellten Entschädigung gegen Abtretung des Grundstücks geeignetenfalls nach vorgängiger Durchführung des in § 30 gedachten Prozeßverfahrens im Rechtswege beanspruchen will.

§ 43. Die Kosten des administrativen Verfahrens trägt der Unternehmer. Bei demselben kommen nur Auslagen, nicht aber Stempel und Sporteln zur Anwendung und können die Entschädigungsberechtigten Ersatz für Wege und Versäumnisse nicht fordern.

Im prozessualischen Verfahren werden die Kosten und Stempel taxmäßig berechnet.

Die Kosten des in § 35 erwähnten Verfahrens sind vom Antragsteller vorzuschießen. Ueber die Verbindlichkeit zur endlichen Uebernahme dieser Kosten ist im nachfolgenden Rechtsstreit zu entscheiden. Im Bezirke des Appellationsgerichtshofes zu Cöln werden die Gebühren für die betreffenden Verrichtungen des Friedensgerichts nach der Taxe für die Friedensgerichte vom 23. Mai 1859 (Gesetz-Samml. S. 309) berechnet.

Sämmtliche übrigen Verhandlungen vor den Gerichten, Grundbuch- und Auseinandersetzungsbehörden, einschließlich der nach § 17 eintretenden freiwilligen Veräußerungsgeschäfte über Grundeigenthum innerhalb des vorgelegten Planes, sowie einschließlich der Quittungen und Konsense der Hypothekengläubiger und sonstigen Betheiligten, sind gebühren- und stempelfrei. Auch werden keine Depositalgebühren angesetzt.

Soweit diese Verhandlungen vor den Notaren vorgenommen werden, sind sie stempelfrei.

§ 44. Mit Zustellung des Enteignungsbeschlusses (§ 32) an Eigenthümer und Unternehmer geht das Eigenthum des enteigneten Grundstücks auf den Unternehmer über.

Erfolgt die Zustellung an den Eigenthümer und Unternehmer nicht an demselben Tage, so bestimmt die zuletzt erfolgte Zustellung den Zeitpunkt des Ueberganges des Eigenthums.

Diese Vorschrift gilt auch in den Landestheilen, in denen nach den allgemeinen Gesetzen der Uebergang des Eigenthums von der Einschreibung in die Grundbücher oder von der Einreichung des Vertrages bei dem Realrichter abhängig gemacht ist.

§ 45. Das enteignete Grundstück wird mit dem in § 44 bestimmten Zeitpunkt von allen darauf haftenden privatrechtlichen Verpflichtungen frei, soweit der Unternehmer dieselben nicht vertragsmäßig übernommen hat.

Die Entschädigung tritt rücksichtlich aller Eigenthums-, Nutzungs- und sonstigen Realansprüche, insbesondere der Reallasten, Hypotheken und Grundschulden an die Stelle des enteigneten Gegenstandes.

§. 46. Ist die Abtretung des Grundstücks durch Vereinbarung zwischen Unternehmer und Eigenthümer erfolgt und zwar in Gemäßheit des § 16 unter Durchführung des Enteignungsverfahrens oder in Gemäßheit des § 26, so treten die rechtlichen Wirkungen des § 45 auch in diesem Falle ein. Hypotheken- und Grundschuldgläubiger, sowie Realberechtigte können jedoch, soweit ihre Forderungen durch die zwischen Unternehmer und Eigenthümer vereinbarte Entschädigungssumme nicht gedeckt werden, deren Festsetzung im Rechtswege gegen den Unternehmer fordern, wobei die Beweisvorschriften der §§ 30 und 40 zur Anwendung kommen.

§. 38.

Erwerbsberechtigten (§. 6) gegenüber greift das Erwerbungsrecht des Staates gleichfalls Platz. Ihnen ist der volle Werth des Erwerbsrechtes zu erstatten.

§. 39.

Zur Anlegung von Bahnen in den Straßen Berlins und Potsdams bedarf es Königlicher Genehmigung.

§. 40.

Die Kleinbahnen werden der Gewerbesteuer auf Grund des Gewerbesteuergesetzes vom 24. Juni 1891 (Gesetz-Samml. S. 205) unterworfen.

Bezüglich der Kommunalbesteuerung sind Kleinbahnen als Privateisenbahnunternehmungen im Sinne des §. 4 des Gesetzes vom 27. Juli 1885, betreffend Ergänzung und Abänderung einiger Bestimmungen über Erhebung der auf das Einkommen gelegten direkten Kommunalabgaben (Gesetz-Samml. S. 327), nicht zu erachten.

---

2. Die im Abs. 2 vorgesehenen Bestimmungen waren nothwendig für den Fall, daß bei Berechnung der Entschädigung nach dem Sachwerthe der inventarienmäßige Bestand mit dem bei Vollziehung des Erwerbes vorhandenen thatsächlichen Bestande des Unternehmens nicht mehr übereinstimmt.

Zu § 38.

Wenn dem Staat durch § 26 das Recht zusteht, den Erwerb einer Eisenbahn aus Rücksichten für den öffentlichen Verkehr vorzunehmen, so wird er auch in die Lage gesetzt werden müssen, das Erwerbsrecht derjenigen abzulösen, welche sich auf Grund des § 6 des Gesetzes dies Recht ausbedingen können. Die Festsetzung der Entschädigung für dieses Erwerbsrecht wird stets große Schwierigkeiten bieten. Leitende Grundsätze für dieselbe sind in das Gesetz nicht aufgenommen worden, sie werden daher im geordneten Verfahren festgestellt werden müssen.

Zu § 39.

Unter Anlegung der Bahnen sind, wie dies Seitens eines Regierungskommissars in einer Kommissionssitzung des Abgeordnetenhauses ohne Widerspruch ausgesprochen worden ist, nur die Neuanlagen von Bahnen und die Erweiterung bestehender Anlagen durch neue Linien zu verstehen. Andere Aenderungen bestehender Bahnen und Linien sind nicht unter der gedachten Bezeichnung inbegriffen, diese bedürfen daher der Königlichen Genehmigung nicht.

Zu § 40.

1. Zu diesem Paragraphen besagen die Motive:

„Da die Kleinbahnen derjenigen Begünstigungen nicht theilhaftig werden, um deren willen die dem Gesetze vom 3. November 1838 unterstellten

§. 41.

Die auf Grund des Allerhöchsten Erlasses vom 16. September 1867 (Gesetz-Samml. S. 1528), des Gesetzes vom 7. März 1868 (Gesetz-Samml. S. 223), des Gesetzes vom 11. März 1872 (Gesetz-Samml. S. 257) und der §§. 2 und 3 des Gesetzes vom 8. Juli 1875 (Gesetz-Samml. S. 497) den dort genannten Provinzial- und Kommunalverbänden überwiesenen Kapitalien und Summen können auch zur Förderung des Baues von Kleinbahnen verwendet werden.

Eisenbahnen einer besonderen Eisenbahnsteuer unterworfen werden, erscheint es nicht nothwendig, die Kleinbahnen gleichfalls zu der Eisenbahnsteuer heranzuziehen. Es empfiehlt sich vielmehr mit Rücksicht auf die erhebliche Höhe der letzteren, statt derselben die hier in Rede stehenden Bahnunternehmungen im Interesse der kräftigen Entwickelung dieses Verkehrszweiges lediglich derjenigen Steuer zu unterwerfen, welche im Uebrigen von allen Unternehmungen erhoben wird, in welchen das Privat-Kapital seine Verzinsung durch gewerblichen Betrieb sucht, d. h. sie werden zur allgemeinen Gewerbesteuer nach dem Gesetz vom 24. Juni 1891 heranzuziehen sein."

„Die Anwendbarkeit der Bestimmungen des Gesetzes betreffend Ergänzung und Abänderung einiger Bestimmungen über Erhebung der auf das Einkommen gelegten direkten Kommunalabgaben vom 27. Juli 1885 auf Kleinbahnen ist selbstverständlich. Es bedarf aber in dieser Beziehung einer besonderen Bestimmung, um klarzustellen, daß die Kleinbahnen nicht von den Sonderbestimmungen jenes Gesetzes über die Privatbahnen betreffen."

2. Eine Kleinbahn kann hiernach zur Kommunalbesteuerung überhaupt nur dann herangezogen werden, wenn dieselbe unter die Bestimmungen des § 1 des Gesetzes vom 27. Juli 1885 subsumirt werden kann, also beispielsweise, wenn das Eisenbahnunternehmen in der Form einer Aktien-Gesellschaft oder einer Kommanditgesellschaft auf Aktien gegründet ist; fällt die betreffende Bahn aber unter die Bestimmungen des § 1 jenes Gesetzes, so finden die Bestimmungen des letzteren Gesetzes noch mit der Maßgabe auf sie Anwendung, daß die betreffende Kleinbahn als Privateisenbahnunternehmer im Sinne des § 4 des citirten Gesetzes nicht zu erachten ist.

3. Die Veranlagung der Kleinbahnen zur Staatssteuer erfolgt auf Grund des § 16 des Einkommensteuergesetzes vom 24. Juni 1891.

Zu § 41.

1. Dieser Paragraph ist bei der zweiten Lesung des Gesetzes im Plenum des Abgeordnetenhauses neu in das Gesetz aufgenommen worden. In der Kommission war beschlossen worden, dem Abgeordnetenhause folgende Resolution zur Annahme zu empfehlen:

„Der Kgl. Staatsregierung zur Erwägung anheimzugeben ob die Erweiterung der Verwendungszwecke im § 4 des Dotationsgesetzes vom

§. 42.

Die Kleinbahnen unterliegen nachfolgenden Verpflichtungen gegenüber der Postverwaltung:

1. Die Unternehmer haben auf Verlangen der Postverwaltung mit jeder für den regelmäßigen Beförderungsdienst bestimmten Fahrt einen Postunterbeamten mit einem Briefsack und, soweit der Platz reicht, auch andere zur Mitfahrt erscheinende Unterbeamte im Dienst gegen Zahlung der Abonnementsgebühr oder, falls solche nicht besteht, der Hälfte des tarifmäßigen Personengeldes zu befördern.

---

8. Juli 1875 auf die Fürsorge für den Bau von Lokalbahnen und die Unterstützung der Gemeinde- und Kreislokalbahnen im Wege der Gesetzgebung herbeizuführen sei."

Bei der zweiten Lesung im Plenum wurde Seitens eines Abgeordneten der Antrag gestellt, die in dieser Resolution zum Ausdruck gebrachten Gedanken direkt als selbstständige Bestimmung in das Gesetz einzufügen. Es ist dies in dem obigen Paragraph geschehen. Entscheidend für dessen Annahme waren hauptsächlich folgende Erwägungen.

Der obige Paragraph will weiter nichts als eine Erweiterung der Verwendungszwecke der den Provinzen überwiesenen Dotationen dahin, daß diese auch zur Förderung des Baues von Kleinbahnen verwendet werden können. Eine solche Erweiterung der Verwendungszwecke der Dotationsfonds liegt auch im Sinne der in dem Text des Gesetzes einzeln aufgeführten Dotationsgesetze. Im § 4 unter Nr. 1 des Dotationsgesetzes vom 8. Juli 1875 sind die Fonds für Chausseen bestimmt und unter Nr. 7 dieses Paragraph heißt es sodann „und für ähnliche im Wege der Gesetzgebung festzustellende Zwecke". Der wirthschaftliche Charakter der Kleinbahnen entspricht außerdem in wesentlichen Punkten dem der vorhandenen großen Provinzialchausseen und es wird daher in der Zukunft der Fall eintreten können, daß es im Interesse eines größeren oder kleineren Gemeindeverbandes liegt, statt einer Chaussee eine Kleinbahn zu bauen. Es war daher nützlich, ja unter Umständen sogar nothwendig die Provinzialverwaltung in den Stand zu setzen, den für den Bau und die Unterhaltung von Chausseen entbehrlichen Theil der Dotationen dem Bau der Kleinbahnen zuzuwenden.

Zu § 42.

1. Zu diesem Paragraphen äußern sich die Motive wie folgt:

„Bei Feststellung der den Kleinbahnen gegenüber der Postverwaltung aufzuerlegenden Verpflichtungen ist davon ausgegangen worden, daß die Bahnanlagen dieser Art zwar für den Postverkehr, soweit dies mit ihren Betriebsverhältnissen vereinbar ist, nutzbar zu machen sind, daß ihnen aber aus ihren Leistungen keinerlei materieller Schaden erwachsen darf.

Dem zu Folge sind einestheils die Anforderungen für Zwecke der Postverwaltung gegenüber den Bestimmungen des Reichskanzlers, betr. die Ver-

2. Die Unternehmer solcher Bahnen, welche sich nicht ausschließlich mit der Personenbeförderung befassen, sind außerdem verpflichtet, auf Verlangen der Postverwaltung mit jeder für den regelmäßigen Beförderungsdienst bestimmten Fahrt:

a) Postsendungen jeder Art durch Vermittelung des Zugpersonals zu befördern, und zwar Briefbeutel, Brief- und Zeitungspackete gegen eine Vergütung von 50 Pfennig für jede Fahrt, die anderen Sendungen gegen Zahlung des Stückguttarifsatzes der betreffenden Bahn oder, sofern dieser Betrag höher ist, gegen eine Vergütung von zwei Pfennig für je 50 Kilogramm und das Kilometer der Beförderungsstrecke nach dem monatlichen Gesammtgewicht der von Station zu Station beförderten Poststücke;

b) in Zügen, mit welchen in der Regel mehr als ein Wagen befördert wird, eine Abtheilung eines Wagens für die Postsendungen, das Begleitpersonal und die erforderlichen Postdienstgeräthe, gegen Zahlung der in den Artikeln 3 und 6 des Reichsgesetzes vom 20. Dezember 1875 (Reichs-Gesetzbl. S. 318) und den dazu gehörigen Vollzugsbestimmungen festgesetzten Vergütung, sowie gegen Entrichtung des halben Stückguttarifsatzes der betreffenden Bahn einzuräumen.

3. Die Postverwaltung ist berechtigt, auf ihre Kosten an den Bahnwagen einen Briefkasten anbringen und dessen Auswechselung oder Leerung an bestimmten Haltestellen bewirken zu lassen.

---

pflichtungen der Eisenbahnen untergeordneter Bedeutung zu Leistungen für Zwecke des Postdienstes vom 28. Mai 1879 (Centralblatt für das Deutsche Reich S. 380) insbesondere soweit es sich um die Gestellung besonderer Wagen und die Einräumung von besonderen Wagenabtheilungen für Postdienstzwecke handelt, wesentlich ermäßigt. Anderseits ist an Stelle der dort vorgesehenen festen Vergütungssätze durchweg die Vergütung so geregelt, daß die Postverwaltung dasselbe zahlt, was andere ständige Benutzer der Bahn gleichfalls zu zahlen haben würden.

Im Einzelnen ist zu bemerken, daß die Festsetzung eines festen Satzes in der doppelten Höhe des jetzt vertragsweise vielfach eingeführten, durch die vorgedachten Bestimmungen festgesetzten Vergütungssatzes (2a) sich im beiderseitigen Betriebsinteresse empfiehlt, weil dadurch das zeitraubende Verwiegen der betreffenden Postsendungen entbehrlich wird."

Die unter 2b angegebenen Bestimmungen des Eisenbahnpostgesetzes und die dazu ergangenen Vollzugsbestimmungen lauten:

a) Gesetz vom 20. Dezember 1875, betr. die Abänderungen des § 4 des Ges. über das Postwesen des Deutschen Reiches vom 28. Oktober 1871.

„Artikel 3. Auf Grund vorangegangener Verständigung kann an Stelle eines besonderen Postwagens eine Abtheilung eines Eisenbahnwagens gegen Erstattung der für Herstellung und Wiederbeseitigung der für die Zwecke des Postdienstes erforderlichen Einrichtungen von der Eisenbahnverwaltung aufgewendeten Selbstkosten, sowie gegen Zahlung einer Miethe für Hergabe und Unterhaltung benutzt werden, welche nach Artikel 6 Absatz 5 zu berechnen ist.

Artikel 6. rc.

Wenn Eisenbahn-Postwagen beschädigt oder laufunfähig werden, so sind die Eisenbahnverwaltungen gehalten, der Postverwaltung geeignete Güterwagen zur Aushülfe zu überlassen. Für diese Güterwagen hat die Postverwaltung die nämliche Miethe zu bezahlen, welche die betreffende Eisenbahnverwaltung im Verkehr mit benachbarten Bahnen für Benutzung fremder Wagen von gleicher Beschaffenheit entrichtet.

Desgleichen sind die theilweise von der Post benutzten Eisenbahnwagen (Artikel 3), wenn sie laufunfähig werden, von den Eisenbahnverwaltungen auf ihre Kosten durch andere zu ersetzen."

b) Vollzugsbestimmungen vom 9. Februar 1876. III. Zu Artikel 3.

1—2 rc.

„3. Für die Benutzung der fraglichen Räume zahlt die Postverwaltung eine Miethe, welche, so lange das seit dem 1. Mai 1875 gültige Regulativ für die gegenseitige Wagenbenutzung im Bereiche der deutschen Eisenbahnen Anwendung behält, bei Verwendung von Güter- oder Gepäckwagen an Laufmiethe $0{,}_{01}$ Mark für den Kilometer und an Zeitmiethe 1 Mark für den Tag, bei Verwendung von Personenwagen aber an Laufmiethe $0{,}_{02}$ Mark für den Kilometer und an Zeitmiethe 2 Mark für den Tag mit der Maßgabe beträgt, daß die hiernach für den ganzen Wagen zu berechnende Vergütung auf die Postabtheilung nach dem Verhältniß der Länge derselben zur Wagenlänge berechnet wird. Die Zeitmiethe wird für so viele Wagen, einschließlich der erforderlichen Reservewagen entrichtet, als nach der zwischen der Post- und Eisenbahnverwaltung gemäß Nr. 1 getroffenen Verabredung für den regelmäßigen Postverkehr auf den Strecken der Eisenbahnverwaltung wirklich eingerichtet sind.

In dieser Miethe sind die Kosten für die Unterhaltung, für das jedesmalige Ein- und Ausrangiren der betreffenden Wagen in die Züge und aus den Zügen, für die äußere Reinigung und für des Schmieren mitbegriffen. Für die innere Reinigung, sowie für die etwaige Heizung und innere Erleuchtung hat die Postverwaltung für eigene Rechnung zu sorgen."

2. In der Regierungsvorlage war unter Nr. 4 dem Unternehmer noch die Verpflichtung auferlegt, auf Verlangen zu gestatten, daß für Rechnung der Postverwaltung Anschlußgeleise zwischen ihrem Schienennetze und den Postanstalten oder den Bahnhöfen des Orts hergestellt würden. In der Kommission des Herrenhauses wurde diese Nummer vier, weil sie eine zu weit gehende Verpflichtung des Unternehmers enthalte, gestrichen. Ein Antrag, diese Verpflichtung wieder in's Gesetz aufzunehmen, ist nicht mehr gestellt worden.

II. Privatanschlußbahnen.

§. 43.

Bahnen, welche dem öffentlichen Verkehre nicht dienen, aber mit Eisenbahnen, welche den Bestimmungen des Gesetzes über die Eisenbahnunternehmungen vom 3. November 1838 unterliegen, oder mit Kleinbahnen derart in unmittelbarer Gleisverbindung stehen, daß ein Uebergang der Betriebsmittel stattfinden kann, bedürfen, wenn sie für den Betrieb mit Maschinen eingerichtet werden sollen, zur baulichen Herstellung und zum Betriebe polizeilicher Genehmigung.

Zu § 43.

1. Das Gesetz hat von besonderen Bestimmungen für private Bahn-Anlagen aller Art abgesehen und zwar aus dem Grunde, weil in den den Polizeibehörden gesetzlich beigelegten Befugnissen eine ausreichende Sicherung gegen schädliche Wirkungen derselben zu erkennen ist. Dagegen erschien es nothwendig, diejenigen, allerdings auch nicht für den öffentlichen Verkehr bestimmten Bahnanlagen, welche aber:

a) für den Betrieb mit Maschinen eingerichtet werden und
b) mit anderen dem öffentlichen Verkehr dienenden Bahnen derartig in Verbindung gebracht werden sollen, daß ein Uebergang der Betriebsmittel stattfinden kann,

einer besonderen gesetzlichen Regelung nach dem Vorbilde der Bestimmungen über die Kleinbahnen zu unterwerfen. Diese privaten Bahnanlagen sind nämlich vermöge des eingerichteten Anschlusses geeignet, eine Einwirkung auf die Betriebssicherheit der angeschlossenen dem öffentlichen Verkehr dienenden Bahn auszuüben. Es war dem zu Folge nothwendig, auch zur Herstellung und zum Betriebe solcher Privatanschlußbahnen eine vorhergehende polizeiliche Genehmigung vorzuschreiben und diese Bahnen auch nach ihrer Inbetriebsetzung fortgesetzt unter behördlicher Aufsicht zu belassen. Entsprechend dem verschiedenen Zwecke, dem die Kleinbahnen und die Privatanschlußbahnen zu dienen bestimmt sind, mußten jedoch bei letzteren alle diejenigen Bestimmungen fortfallen, welche die Interessen des öffentlichen Verkehrs zu sichern bestimmt sind; ebenso hatten aber auch diejenigen Vortheile in Wegfall zu kommen, welche den Unternehmern von Kleinbahnen mit Rücksicht darauf, daß diese dem öffentlichen Verkehr dienen,

---

insbesondere gegenüber den Straßen- und Wegeunterhaltungspflichtigen, eingeräumt sind. (cf. Motive zu §§ 39—46.)

2. Von der Begründung ausgehend, daß ohne Gewährung des Enteignungsrechtes für die Privatanschlußbahnen sehr selten eine Herstellung solcher Bahnen würde möglich sein, war bei der ersten Lesung des Gesetzes in der Kommission des Abgeordnetenhauses der Antrag gestellt worden, folgenden Paragraphen neu in das Gesetz aufzunehmen:

„Das Vorhandensein von Gründen des öffentlichen Wohles im Sinne des Enteignungsgesetzes vom 11. Juni 1874 ist bei diesen Bahnen anzunehmen, wenn durch dieselben in dem industriellen, land- oder forstwirthschaftlichen Betriebe des Unternehmers voraussichtlich eine wesentliche Vermehrung des Arbeiterverdienstes und der Arbeitsgelegenheit erreicht wird."

Der Regierungskommissar erwiderte darauf, daß das Enteignungsgesetz in Uebereinstimmung mit der Verfassung das öffentliche Wohl als einziges Kriterium für die Möglichkeit der Enteignung konstruirt habe. Es sei bei Erlaß dieses Gesetzes die Frage erwogen worden, ob man verschiedene Kategorien von Unternehmungen als im öffentlichen Interesse liegend anerkennen wolle. Damals sei diese Frage verneint bis auf einige hervorragende Fälle. In der Regel werde für den öffentlichen Verkehr auch ein öffentliches Interesse als vorhanden anzunehmen sein. Bei reinen Privatunternehmungen aber das öffentliche Interesse zu konstruiren und daraus eine Verleihung des Enteignungsrechtes herzuleiten, stehe im Widerspruche mit allen bisherigen gesetzlichen Bestimmungen. Allerdings sei das öffentliche Interesse beim Bergbau anerkannt worden. Die Enteignung sei aber auch dort an mehr Bedingungen gebunden und ständen diesem Recht der Enteignung, respektive der Beschränkung fremden Grundeigenthums Seitens des Bergwerksbesitzers auch erhöhte Verpflichtungen desselben gegenüber. So könne derselbe z. B. zur Fortsetzung seines Betriebes eventuell gegen seine Interessen angehalten werden. Ausgeschlossen sei es auch nach der bisherigen Gesetzgebung nicht, auch bei Privatanschlußbahnen unter Umständen ein öffentliches Interesse anzuerkennen, und sei in der That schon eine Enteignung auch in solchen Fällen bereits mehrere Male vorgenommen worden. Aus diesem Grunde sei der Antrag einestheils überflüssig, da durch denselben die Erwägung, ob ein öffentliches Interesse vorliege, nicht überflüssig werde, andererseits sei derselbe aus den angeführten Gründen zunächst materiell bedenklich, dann aber auch formell, da er der in jedem einzelnen Falle durch Königliche Ordre zu erfolgenden Verleihung des Enteignungsrechts eine bestimmte Direktive geben wolle, was durch einen Paragraphen dieses Gesetzes zu thun entschieden unzulässig erscheine.

Nach dieser Erklärung des Regierungskommissars und nachdem von anderer Seite noch darauf hingewiesen worden war, daß der gestellte Antrag zwar formell den Begriff „öffentliches Wohl" nur interpretire, in Wirklichkeit aber an dessen Stelle einen anderen Begriff setzen wolle, was der Verfassung und dem Enteignungsgesetz widerstreite, wurde der Antrag zurückgezogen.

In der zweiten Lesung wurde ein anderer, denselben Zweck verfolgender Antrag gestellt, welcher dahin ging, den Privatanschlußbahnen unter den

§. 44.

Zur Ertheilung der Genehmigung (§. 43) ist der Regierungspräsident, für den Stadtkreis Berlin der Polizeipräsident, im Einvernehmen mit der von dem Minister der öffentlichen Arbeiten bezeichneten Eisenbahnbehörde zuständig.

Berührt die Bahn mehrere Landespolizeibezirke, so bestimmt, wenn sie derselben Provinz angehören, der Oberpräsident, falls sie verschiedenen Provinzen angehören oder Berlin dabei betheiligt ist, der Minister der öffentlichen Arbeiten im Einvernehmen mit dem Minister des Innern die zuständige Landespolizeibehörde.

§. 45.

Die polizeiliche Prüfung beschränkt sich

1) auf die betriebssichere Beschaffenheit der Bahn und der Betriebsmittel,

---

gleichen Einschränkungen wie den Grubeneisenbahnen im Berggesetz das Enteignungsrecht zn gewähren. cf. § 135 ff. Allgemeines Berggesetz für die Preußischen Staaten vom 24. Juni 1865.

Der Regierungskommissar entgegnete auf diesen Antrag, daß das Enteignungsrecht nicht blos zur Enteignung sämmtlicher Grundstücke für ein Unternehmen, sondern auch für einzelne Grundstücke verliehen werden könnte. Wenn in der Praxis die Verleihung des Enteignungsrechtes mit den beantragten Einschränkungen schwerlich vorgekommen sei, so scheine ihm dies doch rechtlich nicht unmöglich. Er glaube vielmehr, daß das Gesetz dieses Recht auch schon jetzt und zwar auch nach der formellen Seite hin gewähre. Der vorliegende Antrag gäbe aber, weil in diesem Falle überflüssig, der Vermuthung Raum, daß in anderen Fällen, wo dies nicht besonders ausgesprochen wäre, eine solche Einschränkung dieses Rechtes nicht möglich sei.

Darauf wurde auch dieser Antrag wieder zurückgezogen, nachdem aus dem Schooße der Kommission noch weitere Bedenken gegen denselben erhoben worden waren.

Zu § 44.

Die Kompetenz zur Ertheilung der Genehmigung für eine Privatanschlußbahn ist entsprechend den diesbezüglichen im § 3 enthaltenen Bestimmungen über die Genehmigung von Kleinbahnen mit Maschinenbetrieb geregelt. cf. die Anm. zu § 3.

Zu § 45.

1. Dieser Paragraph ist dem § 4 vollständig nachgebildet, es gilt daher das zu letzterem Paragraphen Gesagte auch hier. Es ist nur die Nummer 4, „die Wahrung der Interessen des öffentlichen Verkehrs“, in Wegfall gekommen, weil, wie schon erwähnt, die Privatanschlußbahn dem öffentlichen Verkehr zu dienen nicht bestimmt ist.

2) auf die technische Befähigung und Zuverlässigkeit der in dem äußeren Betriebsdienste anzustellenden Bediensteten,

3) auf den Schutz gegen schädliche Einwirkungen der Anlage und des Betriebes.

Soll eine Bahn, welche an eine dem Gesetze über die Eisenbahnunternehmungen vom 3. November 1838 unterliegende Eisenbahn Anschluß hat, von dem Unternehmer der letzteren angelegt und betrieben werden, so beschränkt sich die Prüfung auf den Schutz gegen schädliche Einwirkungen der Anlage und des Betriebes.

§. 46.

Zur Benutzung öffentlicher Wege bedarf es der Zustimmung der Unterhaltungspflichtigen und der Genehmigung der Wegepolizeibehörde.

§. 47.

Die Bestimmungen der §§. 8, 17 bis 20 und 22 Satz 1 finden auf diese Bahnen gleichmäßige Anwendung.

---

2. Der Abs. 2 ist aus dem Bestreben hervorgegangen, eine thunlichst einheitliche Behandlung des Anschlußgeleises mit der anschließenden Hauptbahn sicherzustellen.

3. Die Ausführungsanweisung bestimmt zu diesem Paragraphen noch:

„Die Prüfung der betriebssicheren Beschaffenheit der Bahn und der Betriebsmittel, welche der genehmigenden Behörde obliegt, bedingt auch für die Anträge auf Genehmigung der Privatanschlußbahnen die in technischer Hinsicht erforderlichen Unterlagen, wenn es auch an einer diesbezüglichen Vorschrift in dem Gesetze fehlt. Es ist daher auch für diese Bahnen die Anweisung zu § 5, soweit sie die technischen Unterlagen betrifft, gleichmäßig zu beachten. Dagegen ist von dem Verlangen von Unterlagen in finanzieller Hinsicht abzusehen."

Zu § 46.

1. Wenn auch hier entsprechend dem § 6 zur Benutzung öffentlicher Wege die Zustimmung der Unterhaltungspflichtigen gefordert wird, so besteht doch der große Unterschied, daß bei Privatanschlußbahnen diese Zustimmung nicht ergänzt werden kann, wie dies der § 7 bei Kleinbahnen vorsieht.

2. Nach § 8 ist vor Ertheilung der Genehmigung die Wegepolizeibehörde nur zu hören. Für Privatanschlußbahnen wird an dieser Stelle dagegen deren Zustimmung ausdrücklich verlangt.

Zu § 47.

1. Es enthalten die hier bezogenen Paragraphen:

§ 8. Die Vorschriften über Anhörung der Festungsbehörde und der Reichstelegraphenbehörde für den Fall, daß sich eine Kleinbahn dem Bereiche einer Festung sowie einer Reichstelegraphenanlage nähert und über die Noth-

§. 48.

Polizeiliche Bestimmungen über den Betrieb auf solchen Bahnen können nur im Einverständniß mit der Eisenbahnbehörde (§. 44) erlassen werden.

§. 49.

Die Genehmigung kann zurückgenommen werden, wenn wiederholt gegen die Bedingungen derselben in wesentlicher Beziehung verstoßen wird.

---

wendigkeit der Genehmigung des Eisenbahnministers für den Fall der Kreuzung einer Kleinbahn mit einer dem Gesetze über die Eisenbahnunternehmungen vom 3. November. 1838 unterworfenen Bahn.

§ 17. Die Vorschriften über das Planfestsetzungsverfahren bei Eisenbahnen mit Maschinenbetrieb.

§ 18. Die Vorschriften über die dem Unternehmer bei der Planfestsetzung aufzuerlegenden Anlagen zur Sicherung der benachbarten Grundstücke und im öffentlichen Interesse.

§ 19. Die Vorschrift über die Ertheilung der Erlaubniß bei Eröffnung des Betriebes.

§ 20. Die Vorschriften über die Prüfung der Maschinen vor ihrer Einstellung in den Betrieb und während des Betriebes.

§ 22. Satz 1. Die Vorschriften über die Aufsicht über die Kleinbahnen nach Eröffnung des Betriebes auf denselben.

2. Das zu diesen Paragraphen Gesagte gilt auch hier.

Zu § 48.

1. Die Frage der Aufsicht und Ueberwachung der Privatanschlußbahnen ist in den §§ 50 und 47 geregelt; hiernach steht die allgemeine Aufsicht derjenigen Behörde zu, welche für die Ertheilung der Genehmigung zum Bau und Betrieb der Privatanschlußbahn zuständig ist. Diese Behörde soll nun, auch wenn es sich nicht um eisenbahntechnische Fragen handelt, nicht befugt sein, einseitig polizeiliche Bestimmungen zu treffen. Die Motive begründen diese Vorschrift wie folgt:

„Die Vorschrift des § 48 beruht auf der Erfahrung, daß ohne die Mitwirkung einer Eisenbahnbehörde häufig in der Absicht, Nachtheile und Beschädigungen des Publikums zu verhüten, für den Betrieb der hier in Rede stehenden Bahnen zu weit gehende und daher wirthschaftlich zu schwere Anforderungen gestellt sind."

2. Das Einverständniß derjenigen Eisenbahnbehörde ist einzuholen, welche bei der Ertheilung der Genehmigung mitgewirkt hat, und welche vom Minister der öffentlichen Arbeiten zu ernennen ist.

Zu § 49.

1. Während bei den Kleinbahnen — § 24 — die Genehmigung noch aus einer Reihe anderer Gründe zurückgenommen werden kann, ist dies

Ueber die Zurücknahme der Genehmigung entscheidet auf Klage der Behörde (§. 44) das Oberverwaltungsgericht.

§. 50.

Die eisenbahntechnische Aufsicht und Ueberwachung der Privatanschlußbahnen erfolgt durch diejenige Behörde, welcher diese Aufgaben bezüglich der dem öffentlichen Verkehre dienenden Bahn, an welche sie anschließen, obliegen.

§. 51.

Die Bestimmungen der §§. 43 bis 49 finden auf diejenigen Bahnen, welche Zubehör eines Bergwerks im Sinne des Allgemeinen Berggesetzes vom 24. Juni 1865 (Gesetz-Samml. S. 705) bilden, keine Anwendung.

Durch die Bestimmung in §. 50 wird das auf dem Allgemeinen Berggesetze vom 24. Juni 1865 (Gesetz-Samml. S. 705) beruhende Aufsichtsrecht der Bergbehörden gegenüber diesen Bahnen nicht berührt.

---

hier nun möglich, wenn wiederholt gegen die Bedingungen der Genehmigung in wesentlicher Beziehung verstoßen worden ist.

2. Klageberechtigt ist die nach § 44 zur Ertheilung der Genehmigung der Privatanschlußbahnen zuständige Behörde.

3. cf. die Anm. zu §§ 24 und 25.

Zu § 50.

1. Da die Privatanschlußbahn in unmittelbarster Verbindung mit der Bahn, an welche sie anschließt, steht, so werden diese beiden Bahnen auch thunlichst einheitlich zu behandeln sein; dies ist dadurch möglich, daß die eisenbahntechnische Aufsicht und Ueberwachung über beide Bahnen derselben Behörde und zwar derjenigen übertragen wird, welcher diese Aufgaben bezüglich der dem öffentlichen Verkehr dienenden Bahn obliegen.

2. Soweit es sich nicht um die eisenbahntechnische Aufsicht und Ueberwachung handelt, verbleibt die Aufsicht über die Privatanschlußbahnen bei der für ihre Genehmigung zuständigen Behörde. cf. § 47 und § 22 Satz 1.

Zu § 51.

1. Grubeneisenbahnen oder Grubenbahnen, Bergwerksbahnen, Zechenbahnen sind solche Bahnen, welche der Bergbautreibende innerhalb oder außerhalb des Grubenfeldes für die Zwecke seines Bergwerksbetriebes herstellt und benutzt. Ihre rechtliche Stellung beruht auf § 54 des Allgemeinen Berggesetzes, wonach der Bergwerkseigenthümer alle zur Aufsuchung und Gewinnung des Minerals erforderlichen Vorrichtungen unter und über Tage treffen kann. Nach § 64 und § 135 ff. Bergges. kann er die Abtretung des hierzu erforderlichen Grund und Bodens verlangen. Die Grubenbahnen stehen unter der Aufsicht der Bergbehörde (§ 196 Bergges.; Erlasse des Min. d. öff. Arb. v. 12. Oktober 1883 und 26. April 1884 i. d. Zeitschr. für Bergrecht Bd. XXV, S. 289); ihr Bau und Betrieb untersteht nicht den Vorschriften des Eisenbahngesetzes

v. 3. November 1838, das sich nur auf die dem öffentlichen Verkehr dienenden, landesherrlich konzessionirten Eisenbahn-Unternehmungen bezieht. (Erlasse des Handelsministers v. 27. Nov. 1869 — Zeitschr. für Bergrecht Bd. XI, S. 359 —, und des Ministers d. öff. Arb. v. 29. Mai 1883 — ungedruckt —; Achenbach, Zeitschr. für Bergrecht Bd. VII, S. 174, Sanner daselbst Bd. XXVII, S. 185.)

2. Zur Anlage einer Grubenbahn ist eine besondere staatliche Genehmigung nicht erforderlich (Erl. des Handelsministers v. 13. September 1889 — Zeitschr. für Bergrecht Bd. XI, S. 359 Anm. 1), die Bauerlaubniß erfolgt vielmehr in den durch § 67 Berggeſ. für den Gruben-Betriebsplan vorgeschriebenen Formen. Werden indeß durch diese Bahnen landespolizeiliche oder ortspolizeiliche Interessen berührt, so tritt bei der Prüfung und Festsetzung des Bauprojekts durch die Bergbehörde eine Mitwirkung der Landes- oder der Ortspolizeibehörde ein. Da die Entscheidung darüber, ob solche Interessen berührt werden und welche Behörde mitzuwirken hat, im Einzelfalle dem Regierungs-Präsidenten gebührt (Erl. des Min. d. Innern v. 27. Mai 1892), so sind die Oberbergämter angewiesen (Erl. des Handelsministers v. 16. Mai 1892), bezüglich der Prüfung der Grubenbahn-Projekte mit dem Regierungs-Präsidenten in Verbindung zu treten, der entweder selbst mitwirkt, oder diese Mitwirkung einer Behörde der allgemeinen Polizeiverwaltung überträgt.

3. Die Prüfung der Polizei- und der Bergbehörde hat sich auf die Wahrung der öffentlichen Interessen und den Schutz des Publikums zu beschränken, als Wegeüberschreitungen, Verlegung von Wasserläufen, Kurven, Gefälle, überhaupt Schutzanlagen zur Sicherung des Verkehrs auf der Bahn selbst. In der Regel wird durch beiderseitige Kommissarien und, beim Anschlusse an eine dem öffentlichen Verkehr dienende Eisenbahn, unter Zuziehung eines Vertreters der Eisenbahnbehörde mit den Interessenten an Ort und Stelle hierüber und zugleich über die etwa zu erlassenden polizeilichen Vorschriften verhandelt. — Nach dieser Prüfung werden etwaige Abänderungen des Bauplans festgesetzt, ohne welche derselbe nicht zur Ausführung gebracht werden darf (§ 68 Abs. 3 Berggeſ.).

Sobald alsdann der nöthige Grund und Boden entweder auf gütlichem Wege oder nach Maßgabe der §§ 135 ff. Berggeſ. im Wege der bergrechtlichen Enteignung erworben ist, beaufsichtigt die Bergbehörde den Bau in Gemäßheit der in den §§ 196 ff. Berggeſ. gegebenen Vorschriften, wobei indeß eine Mitwirkung der allgemeinen Polizeibehörde, z. B. beim Bau innerhalb einer Ortschaft oder zur Wahrung wege- und wasserpolizeilicher Interessen, keineswegs ausgeschlossen ist.

Nach vollendetem Bau erfolgt die Abnahme der Bahnanlage durch die Bergbehörde, und sofern öffentliche oder polizeiliche Interessen berührt werden, unter Mitwirkung der Polizeibehörde. Zutreffend charakterisirt Sanner (Zeitschr. für Bergrecht Bd. XXVII, S. 196) den Zweck der Abnahme dahin: „festzustellen, daß die Bauausführung den Anforderungen des § 196 Berggeſ. entspricht und daß insbesondere die von den Behörden zur Sicherstellung des Betriebes und des öffentlichen Verkehrs, sowie zum Schutze öffentlicher und privater Interessen angeordneten Vorkehrungen und Einrichtungen getroffen sind."

Angemerkt sei hierbei, daß zur Errichtung von Bahnhofsgebäuden, Wärterhäusern u. s. w. (auch fiskalischer: Min.-Erl. v. 14. November 1878 — Zeitschr. für Bergrecht Bd. XXI, S. 273) immer der ortspolizeiliche Baukonsens erforderlich ist.

4. Die Beaufsichtigung des Betriebes der Grubenbahnen liegt nach § 196 Berggeſ. der Bergbehörde ob und ist durch Titel IX Berggeſ. näher bestimmt; anerkannt ist dies durch die Ministerial-Erlasse v. 27. November 1869 (Zeitschr. für Bergrecht XI, 359), 19. März 1874 (das. XVI, 426), 10. August 1875 (das. XVI, 425), 4. Juni 1886 (das. XXVII, 330). Ueber die Mitwirkung der Eisenbahnbehörde wird sogleich die Rede sein.

Die Prüfung und Genehmigung der Inbetriebnahme von Lokomotiven ist durch Min.-Erlaß v. 30. April 1877 (Zeitschr. für Bergrecht XVIII, 277) der Bergbehörde übertragen, wenn die Lokomotive ausschließlich auf den Gleisen der Grubenbahn verkehrt, dagegen der Eisenbahnbehörde, wenn die Lokomotive auf die Gleise der anschließenden öffentlichen Eisenbahn übergeht.

Durch die §§ 50 und 51 des Kleinbahnen-Gesetzes ist neben der Bergbehörde und der Polizeibehörde in Abänderung des früheren Rechtszustandes für diejenigen Grubeneisenbahnen, welche Privatanschlußbahnen sind, die eisenbahntechnische Aufsicht und Ueberwachung der im § 50 bezeichneten Eisenbahnbehörde übertragen. Nach der im Hause der Abgeordneten (Stenogr. Verhdlg. 1892 S. 2041 f.) abgegebenen Erklärung trifft auch hierfür die im § 43 des Kleinbahnen-Gesetzes gegebene Begriffsbestimmung zu. Hiernach erstreckt sich diese eisenbahntechnische Aufsicht und Ueberwachung nur auf diejenigen für den Betrieb mit Maschinen eingerichteten Grubeneisenbahnen, welche mit einer Hauptbahn derart in unmittelbarer Gleisverbindung stehen, daß ein Uebertritt der Betriebsmittel stattfinden kann.

5. Was die Polizeiverordnungen für diese Bahnen betrifft, so sind die Vorschriften über die Betriebseinrichtungen an sich von der Bergbehörde zu erlassen. Sind aber öffentliche Interessen zu wahren, oder sind zur Sicherung des Bahnbetriebes Beschränkungen des Publikums — z. B. in der Benutzung von Wegen — erforderlich, also Gegenstände zu ordnen, die dem Verordnungsrecht der allgemeinen Polizei angehören, so werden die nöthigen Vorschriften vom Oberbergamte und von der zuständigen Polizeibehörde regelmäßig in der zweckmäßigen Form gemeinschaftlicher Polizei-Verordnungen der beiderseitigen Behörden erlassen und im Regierungs-Amtsblatt veröffentlicht (§ 197 Berggeſ., § 140 Geſ. betr. die allgem. Landesverwaltung v. 30. Juli 1883). Welche Behörde der allgemeinen Polizeiverwaltung hierfür berufen ist, bestimmt sich nach dem Gesetze über die Polizeiverwaltung v. 11. März 1850, bezw. der Verordnung hierüber für die neuerworbenen Landestheile v. 20. September 1867, und nach Titel 6 des Landesverwaltungs-Gesetzes v. 30 Juli 1883. Durch Erlaß des Handelsministers v. 11. Februar 1891 sind die Bergbehörden angewiesen, den Eisenbahnbehörden solche Polizei-Verordnungen zur gutachtlichen Aeußerung mitzutheilen, welche für die an öffentliche Eisenbahnen anschließenden und durch deren Verwaltung betriebenen Zechenbahnen erlassen werden.

III. Gemeinsame und Uebergangsbestimmungen.

§. 52.

Gegen die Beschlüsse und Verfügungen, für welche die Landespolizeibehörden in Verbindung mit den Eisenbahnbehörden zuständig sind, und gegen die Beschlüsse und Verfügungen der eisenbahntechnichen Aufsichtsbehörden findet die Beschwerde an den Minister der öffentlichen Arbeiten statt. Im Uebrigen greifen die nach den Bestimmungen der §§. 127 bis 130 des Gesetzes über die allgemeine Landesverwaltung vom 23. Juli 1883 (Gesetz-Samml. S. 195) zulässigen Rechtsmittel Platz.

Zu § 52.

1. Die Landespolizeibehörden in Verbindung mit den Eisenbahnbehörden sind zuständig in den Fällen der §§ 3, 8, 44 und 48.

Die eisenbahntechnische Behörde hat allein die Entscheidung zu treffen in den Fällen der §§ 10, 20, 22 und 50.

2. Die Beschwerde an den Minister der öffentlichen Arbeiten gegen Beschlüsse und Verfügungen der im ersten Satze dieses Paragraphen bezeichneten Art ist an eine Frist nicht geknüpft.

3. Die §§ 127—130 des Gesetzes über die allgemeine Landesverwaltung vom 30. Juli 1883 lauten:

§. 127. Gegen polizeiliche Verfügungen der Orts- und Kreispolizeibehörden findet, soweit das Gesetz nicht ausdrücklich Anderes bestimmt, die Beschwerde statt und zwar:

a) gegen die Verfügungen der Ortspolizeibehörden auf dem Lande oder einer zu einem Landkreise gehörigen Stadt, deren Einwohnerzahl bis zu 10 000 Einwohnern beträgt, an den Landrath und gegen dessen Bescheid an den Regierungspräsidenten;

b) gegen die Verfügungen der Ortspolizeibehörden eines Stadtkreises, mit Ausnahme von Berlin, einer zu einem Landkreise gehörigen Stadt mit mehr als 10 000 Einwohnern, oder des Landraths an den Regierungspräsidenten, und gegen dessen Bescheid an den Oberpräsidenten;

c) gegen ortspolizeiliche Verfügungen in Berlin an den Oberpräsidenten.

Gegen den in letzter Instanz ergangenen Bescheid des Regierungspräsidenten beziehungsweise des Oberpräsidenten findet die Klage bei dem Oberverwaltungsgerichte statt.

Die Klage kann nur darauf gestützt werden,

1. daß der angefochtene Bescheid durch Nichtanwendung oder unrichtige Anwendung des bestehenden Rechts, insbesondere auch der von den Behörden innerhalb ihrer Zuständigkeit erlassenen Verordnungen den Kläger in seinen Rechten verletze;
2. daß die thatsächlichen Voraussetzungen nicht vorhanden seien, welche die Polizeibehörde zum Erlasse der Verfügung berechtigt haben würden.

Die Prüfung der Gesetzmäßigkeit der angefochtenen polizeilichen Verfügung erstreckt sich auch auf diejenigen Fälle, in welchen bisher nach §. 2 des Gesetzes vom 11. Mai 1842 (Gesetz-Samml. S. 192) der ordentliche Rechtsweg zulässig war.

Die Entscheidung ist endgültig, unbeschadet aller privatrechtlichen Verhältnisse.

§. 128. An Stelle der Beschwerde in allen Fällen des §. 127 findet die Klage statt und zwar:

a) gegen die Verfügungen der Ortspolizeibehörden auf dem Lande oder einer zu einem Landkreise gehörigen Stadt, deren Einwohnerzahl bis zu 10 000 Einwohnern beträgt, bei dem Kreisausschusse;
b) gegen die Verfügungen des Landraths oder der Ortspolizeibehörden eines Stadtkreises oder einer zu einem Landkreise gehörigen Stadt mit mehr als 10 000 Einwohnern bei dem Bezirksausschusse.

Die Klage kann nur auf die gleichen Behauptungen gestützt werden, wie die Klage bei dem Oberverwaltungsgerichte (§. 127 Absatz 3 und 4).

§. 129. Die Beschwerde im Falle des §. 127 Absatz 1 und die Klage im Falle des §. 128 sind bei derjenigen Behörde anzubringen, gegen deren Verfügung sie gerichtet sind.

Die Behörde, bei welcher die Beschwerde oder Klage angebracht ist, hat dieselbe an diejenige Behörde abzugeben, welche darüber zu beschließen oder zu entscheiden hat. Der Beschwerdeführer beziehungsweise Kläger ist hiervon in Kenntniß zu setzen.

Die Frist zur Einlegung der Beschwerde und zur Anbringung der Klage gegen die polizeiliche Verfügung, sowie gegen den auf Beschwerde ergangenen Bescheid beträgt zwei Wochen.

Die Anbringung des einen Rechtsmittels schließt das andere aus. Ist die Schrift, mittelst deren das Rechtsmittel angebracht wird, nicht als Klage bezeichnet oder enthält dieselbe nicht ausdrücklich den Antrag auf Entscheidung im Verwaltungsstreitverfahren, so gilt dieselbe als Beschwerde. Bei gleichzeitiger Anbringung beider Rechtsmittel ist nur der Beschwerde Fortgang zu geben. Das hiernach unzulässigerweise angebrachte Rechtsmittel ist durch Verfügung der im Absatz 1 bezeichneten Behörde zurückzuweisen. Gegen die zurückweisende Verfügung findet innerhalb zwei Wochen die Beschwerde an die zur Entscheidung auf die Klage berufene Behörde statt.

Wird die Beschwerde oder Klage der Vorschrift des ersten Absatzes zuwider innerhalb der gesetzlichen Frist bei derjenigen Behörde angebracht, welche zur Beschlußfassung oder Entscheidung darüber zuständig ist, so gilt die Frist als gewahrt. Die Beschwerde oder Klage ist in solchen Fällen von der angerufenen

§. 53.

Für die bereits vor Inkrafttreten dieses Gesetzes genehmigten Kleinbahnen und Privatanschlußbahnen ist diejenige Behörde zuständig, welcher die Genehmigung nach Inkrafttreten dieses Gesetzes gemäß §§. 3 und 44 obgelegen hätte.

Auf diese Bahnen finden die §§. 2, 20 bis 22, 24, 25, 40, 42 und 52, beziehungsweise 48 bis 50 des gegenwärtigen Gesetzes, sowie die Bedingungen und Vorbehalte, welche bei ihrer Genehmigung vorgesehen sind, Anwendung.

Die Unternehmer sind jedoch berechtigt, sich durch eine an die zuständige Aufsichtsbehörde zu richtende Erklärung den sämmlichen Bestimmungen dieses Gesetzes zu unterwerfen.

Behörde zur weiteren Veranlassung an diejenige Behörde abzugeben, gegen deren Beschluß sie gerichtet ist.

§. 130. Gegen polizeiliche Verfügungen des Regierungspräsidenten findet innerhalb zwei Wochen die Beschwerde an den Oberpräsidenten und gegen den vom Oberpräsidenten auf die Beschwerde erlassenen Bescheid innerhalb gleicher Frist die Klage bei dem Oberverwaltungsgerichte nach Maßgabe der Bestimmungen des §. 127 Absatz 3 und 4 statt.

Gegen polizeiliche Verfügungen des Regierungspräsidenten in Sigmaringen findet innerhalb zwei Wochen unmittelbar die Klage bei dem Oberverwaltungsgerichte statt.

Gegen die Landesverweisung steht Personen, welche nicht Reichsangehörige sind, die Klage nicht zu.

4. Gegen polizeiliche Verfügungen der Ortspolizeibehörden und Kreispolizeibehörden findet wahlweise entweder der Beschwerdeweg an die Einzelbeamten mit nachfolgender Klage beim Oberverwaltungsgericht (§. 127) oder die Klage beim Kreisausschusse bezw. Bezirksausschusse statt (§. 128); gegen polizeiliche Verfügungen des Regierungspräsidenten findet (abgesehen von Hohenzollern) nur die Beschwerde an den Oberpräsidenten mit nachfolgender Klage beim Oberverwaltungsgerichte statt (§. 130).

Gegen alle im Rahmen dieses Gesetzes Seitens der Polizeibehörde erlassenen Verfügungen und Beschlüsse, insbesondere also auch gegen die Ertheilung oder Versagung der Genehmigung zur Anlage einer Kleinbahn sind die vorerwähnten Rechtsmittel gegeben.

Legitimirt zur Einlegung eines Rechtsmittels gegen eine polizeiliche Verfügung ist derjenige, an den die Verfügung gerichtet ist, sowie auch jeder Dritte, dessen Person oder Vermögen durch die Verfügung berührt wird.

Wenngleich auch die Beschwerde wahlweise neben der Klage stattfindet, so ist materiell doch die Zulässigkeit der Klage der Beschwerde gegenüber beschränkt, weil mit der Beschwerde sowohl die Gesetz- und Rechtmäßigkeit, als auch die Nothwendigkeit, Billigkeit und Angemessenheit der Verfügung angegriffen werden kann, während die Klage nach Absatz 2 des § 128 nur auf die Behauptung der Rechts- und Sachwiedrigkeit gestützt werden kann.

Die Genehmigung von wesentlichen Erweiterungen oder wesentlichen Aenderungen des Unternehmens, der Anlage oder des Betriebes kann von der Unterwerfung des Unternehmens unter sämmtliche Bestimmungen dieses Gesetzes abhängig gemacht werden.

Der Zeitpunkt der Unterstellung unter dieses Gesetz ist öffentlich bekannt zu machen.

Wohlerworbene Rechte Dritter werden durch die Unterwerfung nicht berührt.

Zu § 53.

1. Die Bestimmungen dieses Paragraphen beziehen sich nur auf die Kleinbahnen und die Privatanschlußbahnen, welche vor dem Inkrafttreten dieses Gesetzes Seitens der genehmigenden Behörde als nicht unter das Eisenbahngesetz vom 3. November 1838 fallend angesehen wurden und daher ohne landesherrliche Genehmigung errichtet worden sind. Es sind dies neben den Pferde- und Straßenbahnen nur wenige und zwar ziemlich unbedeutende Eisenbahn-Unternehmungen.

Da bei diesen Eisenbahnen die Frage ihrer Genehmigung nicht mehr zur Entscheidung kommen kann, so wird die Kompetenz der in den §§ 3 und 44 angegebenen Behörden sich nur beziehen auf die Genehmigung von wesentlichen Erweiterungen oder sonstigen wesentlichen Aenderungen des Unternehmens, der Anlage und des Betriebes.

2. In der Kommission des Abgeordnetenhauses war allseitig die Auffassung vertreten, daß neben den im Abs. 2 aufgeführten einzelnen Paragraphen des Gesetzes auf diese Bahnen noch die Bedingungen und Vorbehalte Anwendung zu finden haben, welche bei deren Genehmigung vorgesehen sind, daß aber diese in der Genehmigungsurkunde vorgesehenen Bedingungen und Vorbehalte, wenn sie mit den bezogenen Paragraphen des Gesetzes in Widerspruch treten, den letzteren nachstehen müssen.

3. Es enthalten die bezogenen Paragraphen:

§ 2 die Vorschrift, betr. die Nothwendigkeit der Genehmigung zu wesentlichen Erweiterungen oder sonstigen wesentlichen Aenderungen des Unternehmens, der Anlage oder des Betriebes;

§ 20 die Vorschriften über die Prüfung der Maschinen vor ihrer Einstellung in den Betrieb und während des Betriebes;

§ 21 die Vorschriften über den Fahrplan und die Beförderungspreise;

§ 22 die Vorschriften über die Aufsicht über die Kleinbahnen nach Eröffnung des Betriebes auf denselben;

§ 24 die Vorschriften über die Zurücknahme der Genehmigung;

§ 25 die Benennung des für die Klage auf Zurücknahme der Genehmigung zuständigen Gerichtshofes;

§ 40 die Vorschriften betr. Besteuerung der Kleinbahnen;

§ 42 die Vorschriften über die den Kleinbahnen gegenüber der Postverwaltung obliegenden Verpflichtungen;

§. 54.

Dieses Gesetz tritt bezüglich des §. 40 am 1. April 1893, bezüglich aller anderen Bestimmungen am 1. Oktober 1892 in Kraft.

§. 55.

Mit der Ausführung dieses Gesetzes werden der Minister der öffentlichen Arbeiten und der Minister des Innern betraut.

---

§ 52 die Regelung der Rechtsmittel gegen die im Rahmen des Gesetzes von den Behörden erlassenen Beschlüsse und Verfügungen.

4. Dadurch, daß im Abs. 2 auch die §§ 20—22 aufgeführt sind, wird insbesondere sichergestellt, daß die mit Maschinenkraft betriebenen älteren Kleinbahnen und insbesondere auch die auf ihnen verwendeten Maschinen einer dauernden eisenbahntechnischen Aufsicht unterworfen werden.

5. Die Unterwerfung der bereits vor dem Inkrafttreten dieses Gesetzes bestehenden Kleinbahnen und Privatanschlußbahnen unter die sämmtlichen Bestimmungen dieses Gesetzes kann von dem Unternehmer freiwillig geschehen, es kann dieselbe aber auch den Unternehmern als Verpflichtung bei der Genehmignng von wesentlichen Erweiterungen oder sonstigen wesentlichen Aenderungen des Unternehmens, der Anlage oder des Betriebes gemacht werden.

Zu dem Absatz 3 bestimmt die Ausführungsanweisung:

In dem Falle vollständiger Unterwerfung eines Unternehmens unter die Bestimmungen des vorliegenden Gesetzes empfiehlt sich in der Regel die Ausstellung einer neuen Genehmigungs-Urkunde, damit die Rechte und Verpflichtungen des Unternehmens vollig zweifelsfrei gestellt werden.

6. Die im Abs. 5 angeordnete Bekanntmachung hat nach der Ausführungsanweisung durch das Amtsblatt der Regierung zu erfolgen.

7. Wohlerworbene Rechte Dritter können durch die Unterwerfung jener Bahnen unter einzelne — Abs. 2 — oder die sämmtlichen Bestimmungen dieses Gesetzes — Abs. 3 und 4 — nicht berührt werden.

Zu § 54.

1. Der § 40, welcher die Besteuerung der Kleinbahnen regelt, konnte erst am 1. April 1893 in Kraft treten, weil auch erst mit diesem Zeitpunkt das neue Gewerbesteuergesetz vom 24. Juni 1891, auf welches in dem § 40 Bezug genommen wird, in Kraft tritt.

2. Die Ausführungsanweisung enthält zu diesem Paragraph folgende Uebergangsbestimmung:

Gesuche auf Genehmigung von Kleinbahnen oder Privatanschlußbahnen, welche vor dem 1. Oktober d. J. eingehen, sind ohne Verzug nach den Bestimmungen dieses Gesetzes zu behandeln und zu prüfen; auch steht einer Genehmigung in der bisherigen Form bereits vor dem 1. Okt. d. J. nichts entgegen.

Zu § 55.

Auf Grund dieser Ermächtigung haben der Minister der öffentlichen Arbeiten und der Minister des Innern am 22. August 1892 folgende Ausführungsbestimmung erlassen:

Ausführungsanweisung

zu dem Gesetz über Kleinbahnen und Privatanschlußbahnen vom 28. Juli 1892. (Gesetz-Samml. S. 225 ff.)

Vom 22. August 1892.

Das Gesetz über Kleinbahnen und Privatanschlußbahnen bezweckt, durch feste und zweckmäßige Ordnung der Rechtsverhältnisse der bezeichneten Bahnen die Entwickelung dieser wichtigen Verkehrsmittel zu fördern. Es beschränkt demzufolge die Einwirkung der Organe des Staats bei der Genehmigung von Unternehmungen der bezeichneten Art sowie bei der Aufsicht über dieselben auf das geringste Maß dessen, was für die Sicherung der von ihnen wahrzunehmenden öffentlichen Interessen nothwendig ist, und gewährt den Unternehmungen innerhalb der hiernach gezogenen Grenzen volle Bewegungsfreiheit.

Die mit der Ausführung des Gesetzes betrauten Behörden (§. 3) werden sich bei der Wahrnehmung ihrer Obliegenheiten diese Absicht des Gesetzgebers gegenwärtig zu halten und demzufolge in der Einwirkung auf den Bau und den Betrieb der bezeichneten Bahnen nicht über das Maß dessen hinauszugehen haben, was zur Wahrung der ihnen anvertrauten öffentlichen Interessen, namentlich der in den §§. 4 und 45 aufgeführten polizeilichen Interessen, nothwendig ist. Neben der Vermeidung unnöthiger und lästiger Eingriffe in die Bewegungsfreiheit des Verkehrszweiges werden sich die mit der Staatsaufsicht betrauten Behörden die Förderung desselben aber auch durch entgegenkommende und insbesondere rasche Erledigung der ihnen obliegenden Geschäfte angelegen sein zu lassen haben.

Indem zur Vermeidung von Wiederholungen im übrigen auf das Gesetz, seine Begründung und die Verhandlungen in den beiden Häusern des Landtags hingewiesen wird, sei im einzelnen Folgendes bemerkt:

Zu §. 1.

1. Behufs Bezeichnung derjenigen Eisenbahnbehörde, welche bei der Genehmigung mitzuwirken hat, ist von jedem Antrage auf Genehmigung, wesentliche Aenderung oder Erweiterung einer zum Betriebe mit Maschinenkraft bestimmten Bahn (§. 3 Nr. 1) sowie auf Einführung des Maschinenbetriebes auf einer anderen Bahn (§. 3 Nr. 2)

dem Minister der öffentlichen Arbeiten Anzeige zu erstatten. Behufs Prüfung der Frage, ob eine solche Bahn dem Gesetze über die Eisenbahnunternehmungen vom 3. November 1838 zu unterstellen ist, ist bei der Erstattung der Anzeige auch hierüber unter Beibringung der zur Beurtheilung dienlichen Unterlagen zu berichten.

Ebenso ist von anderen Anträgen auf Genehmigung einer Kleinbahn, soweit es sich nicht um Pferdebahnen innerhalb städtischer Straßen handelt, dem Minister der öffentlichen Arbeiten Anzeige zu erstatten. Während jedoch bei einer für den Betrieb mit Maschinenkraft bestimmten Bahn dem Genehmigungsverfahren nicht Fortgang zu geben ist, bevor nicht die Entschließung des Ministers der öffentlichen Arbeiten vorliegt, ist in dem letztgedachten Falle dem Verfahren Fortgang zu geben, sofern nicht ausnahmsweise die zur Genehmigung zuständige Behörde die Anwendung des Gesetzes über die Eisenbahnunternehmungen vom 3. November 1838 für angezeigt oder doch wenigstens für fraglich erachtet und hierüber die Entschließung des Ministers der öffentlichen Arbeiten einholt.

Sofern der Antrag auf Genehmigung, Erweiterung oder Veränderung einer Kleinbahn aus dem Grunde abgelehnt wird, weil die Bahn dem Gesetz vom 3. November 1838 zu unterstellen sein würde, ist in der Verfügung der Grund hierfür anzugeben und zugleich zu bemerken, daß ein etwaiger Antrag auf Entscheidung des Staats-Ministeriums bei dem verfügenden Regierungs-Präsidenten binnen einer angemessen festzusetzenden Frist einzureichen sei. Geht ein solcher Antrag ein, so ist von dem Regierungs-Präsidenten Bericht an den Minister der öffentlichen Arbeiten zu erstatten.

Zu §. 2.

Die Genehmigung für das Unternehmen ist dem Antragsteller für seine Person zu ertheilen. Ist der Antragsteller eine physische Person, so wird indeß in der Regel nichts entgegenstehen, die Genehmigung auch auf die Erben und sonstigen Rechtsnachfolger unter der Voraussetzung zu erstrecken, daß gegen die Person der letzteren als Betriebsunternehmer sich nicht etwa Bedenken ergeben sollten (Ausländer, Staatsbeamte u. s. w.). Ist der Unternehmer ein Ausländer, so ist bei der Genehmigung vorzuschreiben, daß er im Inlande Domicil mit der Wirkung zu nehmen hat, daß er von demselben aus regelmäßig die Verträge mit den dem Reich Angehörigen abzuschließen und wegen aller aus seinen Geschäften mit solchen entstehenden Verbindlichkeiten bei den Gerichten des betreffenden Orts Recht zu nehmen hat.

Zu §. 3.

1. Wenn auch der Regierungs-Präsident nach Außen für die Ertheilung der Genehmigung allein zuständig ist, so empfiehlt es sich doch, in der Genehmigungsurkunde diejenige Eisenbahnbehörde zu bezeichnen, mit deren Einvernehmen die Genehmigung ertheilt wird, damit

der Unternehmer weiß, welche Eisenbahnbehörde für das Unternehmen bestellt ist.

2. a) Als Kunststraßen sind anzusehen:

a) für den Geltungsbereich des Gesetzes vom 20. Juni 1887 (Ges.-Samml. S. 301) die im §. 12 daselbst näher bezeichneten Kunststraßen;

b) für die Provinz Hannover: die Chausseen und Landstraßen;

c) für Schleswig-Holstein mit Ausnahme des Kreises Herzogthum Lauenburg: die in der Unterhaltung der Provinz befindlichen Haupt- und Neben-Landstraßen und die in der Unterhaltung der Kreise befindlichen ausgebauten Neben-Landstraßen;

d) für die Provinz Hessen-Nassau; die vormaligen Staatsstraßen, die Provinzial-, Distrikts- und chaussirten Verbindungsstraßen sowie die Landwege;

e) für die Hohenzollernschen Lande: die Landstraßen;

f) für den Kreis Herzogthum Lauenburg: die Landstraßen.

Welche Kunststraßen als städtische Straßen in der Unterhaltung und Verwaltung von Stadtkreisen stehen, ist eine Thatfrage, welche für jeden Fall besonders zu entscheiden ist. Es empfiehlt sich indessen, mit den städtischen Behörden der einen Stadtkreis bildenden Städte alsbald in Verhandlung zu treten und eine Verständigung darüber herbeizuführen, betreffs welcher Theile von Kunststraßen die Zuständigkeit der Regierungs-Präsidenten auszuschließen sein wird. Für den Fall von Meinungsverschiedenheiten ist unsere Entscheidung einzuholen.

2. b. und c. Es wird sich empfehlen, in denjenigen Fällen, in denen eine Bahn öffentliche Wege berührt, Flüsse überschreiten muß, oder sonst nicht ganz einfache Bauverhältnisse vorliegen, bei der Prüfung des Genehmigungsgesuches sich technischen Beirathes zu bedienen (Königliche, Provinzial-, Kreis- oder städtische Baubeamte u. s. w.). Die hierdurch erwachsenden baaren Auslagen fallen, wie alle baaren Auslagen in dem Genehmigungsverfahren, dem Unternehmer zur Last; andere Kosten sind demselben dagegen nicht aufzuerlegen.

Zu dem Schlußsatz im dritten Absatz ist zu bemerken, daß bei dem Uebergange vom Betriebe mit Maschinenkraft zu einem anderen Betriebe zwar zur Genehmigung der Regierungs-Präsident im Einvernehmen mit der Eisenbahnbehörde zuständig bleibt, daß aber von der Rechtskraft der Genehmigung ab die Aufsicht auf diejenige Behörde übergeht, welche zur Ertheilung der Genehmigung zuständig gewesen wäre, wenn die Bahn von vornherein nicht für den Betrieb mit Maschinenkraft bestimmt gewesen wäre.

Zu §. 4.

Die Nummern 1—4 bezeichnen diejenigen Punkte, auf welche sich die polizeiliche Prüfung überhaupt nur erstrecken darf; es ist aber nicht nothwendig, daß alle dort aufgeführten Punkte zum Gegenstande polizeilicher Festsetzung gemacht werden; insbesondere ist es durch die Bestimmungen des §. 4 der genehmigenden Behörde keineswegs zur Pflicht gemacht, bezüglich aller dortselbst erwähnten Punkte in den Genehmigungen Vorschriften oder Auflagen oder Vorbehalte zu machen, vielmehr wird in jedem einzelnen Falle zu prüfen sein, ob und wie weit zur Wahrung der betheiligten öffentlichen Interessen Vorschriften zu machen oder Bedingungen zu stellen sein werden.

Ueber das, was nach Lage des einzelnen Falles nach dem pflichtmäßigen Ermessen der Behörde zur Sicherung der betheiligten öffentlichen Interessen nothwendig ist, darf in keinem Falle hinausgegangen werden.

Sofern die von dem Unternehmer beigebrachten Unterlagen seines Gesuches (Pläne vom Bau und Betriebe u. s. w.) die erforderliche Prüfung im einzelnen noch nicht gestatten, kann dieselbe und dementsprechend die Stellung von Bedingungen und Auflagen bis zur Ausführung des Baues und des Betriebes vorbehalten werden.

Was die Bedeutung der Nr. 3 anlangt, so ist zunächst die Bezeichnung „im äußeren Betriebsdienste" enger als das, was in der Eisenbahnverwaltung unter „äußerem Dienste" verstanden wird. Während die letztgedachte Bezeichnung das gesammte mit dem Publikum in Berührung kommende Personal zum Unterschiede von dem Bureaupersonal umfaßt, wird als im äußeren Betriebsdienst stehend nur das Personal zu verstehen sein, welches mit der Beförderung oder Bahnunterhaltung unmittelbar zu thun hat (Lokomotivführer, Heizer, Zugführer, Schaffner, Kutscher, Bahnmeister, das mit der Abfertigung der Züge betraute Personal u. s. w.).

Der Ausdruck „technische" Zuverlässigkeit ist gleichbedeutend mit Zuverlässigkeit in Bezug auf die Berufspflicht.

Endlich wird bei der Genehmigung selbstverständlich nur zu bestimmen sein, ob, inwiefern und in welcher Weise eine vorgängige Prüfung der technischen Befähigung vorzunehmen ist, oder ob, wie dies bei Pferdebahnen angängig sein wird, lediglich die Entfernung technisch nicht befähigter oder nicht zuverlässiger Bediensteten vorzusehen ist.

Die bei der Genehmigung allgemein vorgeschriebene Prüfung wird bezüglich der einzelnen Bediensteten in jedem Falle besonders zu erfolgen haben.

Bedingungen und Vorbehalte, an welche die Genehmigung geknüpft wird, sind stets in die Genehmigungsurkunde selbst aufzunehmen, sodaß aus derselben in Verbindung mit dem Gesetz Maß und Art der dem Unternehmer obliegenden Verpflichtungen mit Sicherheit erhellt.

Zu §. 5.

Die in technischer Hinsicht beizufügenden Unterlagen haben lediglich den Zweck, die nach §. 4 Nr. 1 erforderliche Prüfung zu ermöglichen. Sie sind deshalb auch nur insoweit zu erfordern, als es durch diese

Prüfung geboten ist. Welcher Unterlagen es bedarf, kann daher nur im Einzelfalle ermessen werden. In der Regel werden nicht entbehrt werden können:

1. für Bahnen, welche zum Betriebe mit Dampfkraft eingerichtet werden sollen:

a) ein Lageplan und ein Höhenplan (Nivellementsplan),
b) Zeichnungen der Brücken und Drehscheiben,
c) Zeichnungen des Ober-Baues, der Weichen und des Normalquerprofils,
d) Umgrenzung des lichten Raumes, sowie der größten zulässigen Breiten- und Höhenmaße der Betriebsmittel,
e) Zeichnungen der Betriebsmittel, insbesondere auch der Bremsvorrichtungen nebst den zur Erläuterung erforderlichen Beschreibungen.

2. Für andere Bahnen:

a) ein Lageplan,
b) Zeichnungen der Schienen und Weichen:
c) d) } die vorstehend unter d und e aufgeführten Vorlagen.

Die Beibringung eines Höhenplanes wird in der Regel dann nicht entbehrt werden können, wenn die Bahn nicht ausschließlich städtische Straßen benutzt. Ebensowenig die Zeichnung etwa neu anzulegender oder zu verändernder Brücken.

Ob einzelne Zeichnungen durch Beschreibungen ersetzt werden können, bleibt ebenfalls dem Ermessen der genehmigenden Behörde überlassen. Es darf hierbei jedoch die Rücksicht auf das Vorhandensein beweiskräftigen Materials für die Gestalt und die Beschaffenheit der genehmigten Anlagen nicht aus dem Auge gelassen werden.

In finanzieller Beziehung gilt es zu prüfen, ob der Unternehmer die Mittel zur Herstellung der Bahn besitzt oder in zuverlässiger und gesetzlich zulässiger Weise beschaffen werde, und ob dieselben zur plan- und anschlagsmäßigen Vollendung und Ausrüstung der Bahn genügen. Das letztere kann nur auf Grund eines Kostenanschlages geprüft werden, welcher daher in der Regel zu erfordern ist. In welcher Weise die genehmigende Behörde sich die Ueberzeugung von dem Vorhandensein oder der Möglichkeit der Beschaffung des Anlagekapitals verschaffen will, bleibt ihrem pflichtmäßigen Ermessen überlassen.

Zu §. 7.

Die Ergänzung der Zustimmung des Unterhaltungspflichtigen ist ganz in das pflichtmäßige Ermessen der zuständigen Behörde gestellt. Die Prüfung der letzteren ist daher keineswegs auf die Angemessenheit der von dem ersteren erhobenen Forderungen beschränkt, hat sich vielmehr auch darauf zu erstrecken, ob nach Lage des Falls ausreichender Anlaß vorliegt, zwangsweise in das Verfügungsrecht des Unterhaltungspflichtigen einzugreifen. Daß dabei auch die Leistungsfähigkeit und Zuverlässigkeit des Unternehmens in Betracht kommen muß, bedarf der Erwähnung nicht.

Zu §§. 8 und 9.

Behufs Sicherung der Interessen der Reichs-Post- und Telegraphenverwaltung (§. 8 Abs. 2 und §. 9) ist mit der zuständigen Kaiserlichen Ober-Postdirektion in Verbindung zu treten.

Die Anweisung betreffs der dem Unternehmer im Interesse der Landesvertheidigung aufzuerlegenden Verpflichtungen (§. 8 Abs. 1 und §. 9) bleibt besonderer Verfügung vorbehalten.

Zu §. 10.

Der Bestimmungszweck der dem Güterverkehr dienenden Kleinbahnen und das hierbei betheiligte öffentliche Interesse werden nur dann in vollem Umfange gewahrt, wenn den Absendern und Empfängern erheblicher Gütermengen die Möglichkeit der Anlage von Anschlußgleisen zur erleichterten Anbringung und Abholung ihrer Frachtgüter gegeben ist.

Der Vorbehalt der Verpflichtung der Unternehmer von Kleinbahnen, auf welchen Güterverkehr stattfinden soll, zur Gestattung von Privatanschlußbahnen bei der Genehmigung muß daher die Regel bilden. Nur aus ganz besonderen Gründen erscheint es gerechtfertigt, davon Abstand zu nehmen, wie z. B. für solche Bahnen, welche, ohne mit dem Enteignungsrechte oder dem Rechte zur Benutzung öffentlicher Wege ausgestattet zu sein, vornehmlich Privatzwecken des Unternehmers, zugleich aber auch nebenbei dem öffentlichen Verkehr zu dienen bestimmt sind.

Zu §. 11.

Ebenso wird bei der Genehmigung von Kleinbahnen jeglicher Art dem Unternehmer die Verpflichtung zur Ausführung der Bahn und zur Aufrechterhaltung des ordnungsmäßigen Betriebes während der Dauer der Genehmigung auferlegt werden müssen, sofern nach der Ansicht der genehmigenden Behörde nicht etwa die Bahn für das öffentliche Verkehrsinteresse ohne Werth sein sollte. Diese Annahme wird namentlich in den am Schlusse der Anweisung zu §. 10 bezeichneten Fällen Platz greifen können. Zweifel in dieser Richtung können aber auch in Betreff solcher Bahnen entstehen, wie z. B. Drahtseilbahnen nach Aussichtspunkten lediglich Vergnügungszwecken dienen und ohne Hilfe des Enteignungsrechts und ohne Benutzung öffentlicher Wege hergestellt werden sollen. In derartigen Fällen ist daher sorgfältig zu erwägen, ob die öffentlichen Interessen den Vorbehalt der Bau- und Betriebspflicht erheischen.

Die Höhe der in dem Abs. 2 und 3 erwähnten Geldstrafen ist nach dem Grade, in welchem das öffentliche Interesse an dem Bestande und Betriebe der Bahn betheiligt ist, zu bemessen. Die Bemessung erfolgt zweckmäßig nach bestimmten Prozenten des Anlagekapitals. Eine Geldstrafe im Betrage von 10% des Anlagekapitals ist als die äußerste Grenze anzusehen, deren Ueberschreitung selbst durch erhebliche öffentliche Interessen nicht gerechtfertigt wird.

Zu §. 13.

Ob eine Genehmigung dauernd oder auf Zeit zu ertheilen ist, bleibt dem pflichtmäßigen Ermessen der zur Genehmigung zuständigen Behörde freigestellt. Im allgemeinen wird dabei davon auszugehen sein, daß eine Genehmigung ohne zeitliche Begrenzung nicht zu ertheilen ist, wenn öffentliche Wege benutzt werden. Auch bei Anlegung eines eigenen Bahnkörpers ist eine Genehmigung ohne zeitliche Begrenzung in der Regel nicht, vielmehr nur dann zu ertheilen, wenn die wirthschaftlichen Verhältnisse des Unternehmens es erforderlich erscheinen lassen und öffentliche Interessen nicht entgegenstehen.

Bei Bemessung der Dauer einer zeitlich begrenzten Genehmigung ist außer auf den Zeitpunkt etwaiger Erwerbsrechte (§. 6) darauf zu sehen, daß die Dauer der Genehmigung ausreichend genug bemessen wird, um dem Unternehmen die Möglichkeit der Amortisation des Anlagekapitals zu gewähren.

Zu §. 14.

Auch für die Vorbehalte und Anforderungen hinsichtlich des Fahrplans und der Beförderungspreise kann im wesentlichen nur der Grad des an dem Betriebe der Bahn bestehenden öffentlichen Verkehrsinteresses den Maßstab abgeben.

Was den Fahrplan betrifft, so erfordert das öffentliche Sicherheitsinteresse in jedem Falle die Festsetzung der höchsten zulässigen Geschwindigkeit der Züge, welche die für Nebeneisenbahnen statthafte Maximalgrenze nicht überschreiten darf. Im übrigen ist nach den besonderen Verhältnissen eines jeden einzelnen Falles zu ermessen, ob hinsichtlich der Zahl und der Zeit sämmtlicher oder einzelner Züge weitere Anordnungen bei der Genehmigung zu treffen sind. Wird zunächst hiervon abgesehen, so ist der Zeitraum, nach dessen Ablauf wiederholte Prüfung einzutreten hat, in der Regel auf etwa drei Jahre zu bemessen.

Die Mittheilung aller Tarife, Fahrpläne und aller etwa zu erlassenden Betriebsreglements an die Aufsichtsbehörde wird bei jeder Genehmigung vorzubehalten sein, um diese Behörde zur Erledigung ihrer Aufgabe in den Stand zu setzen.

Zu §. 16.

Mit der Aushändigung der Genehmigungsurkunde an einen Unternehmer, welcher nicht eine der in §. 16 bezeichneten Gesellschaften ist, muß auch die Veröffentlichung der Genehmigung in dem Amtsblatt derjenigen Regierung, in deren Bezirk die Bahn belegen ist, veranlaßt werden. Von jeder ertheilten Genehmigung ist Abschrift dem Minister der öffentlichen Arbeiten durch die Genehmigungsbehörde einzureichen.

Die Veröffentlichung einer Genehmigung, welche einer der in §. 16 bezeichneten Gesellschaften ertheilt ist, darf erst erfolgen, nachdem der genehmigenden Behörde der Eintrag im Handelsregister nachgewiesen ist. Die Zeit des Eintrags ist von der letzteren in der Genehmigungsurkunde zu vermerken und in der öffentlichen Bekanntmachung anzugeben.

Sollte die Genehmigung für eine Kleinbahn einer Genossenschaft ertheilt werden, so ist die Genehmigungsurkunde vor ihrer Aushändigung an den Unternehmer dem zur Führung des Genossenschaftsregisters zuständigen Gericht mit dem Ersuchen um Eintrag in dieses Register und demnächstige Rückgabe der Urkunde mitzutheilen. Erst nach deren Wiedereingang und nach Vermerk des Eintrags auf derselben darf die Aushändigung an den Unternehmer und die Veröffentlichung in dem Amtsblatt stattfinden.

Zu §. 17.

Die Planfeststellung durch den Regierungs-Präsidenten erfolgt im Einvernehmen mit der zuständigen Eisenbahnbehörde.

Anträge auf Entbindung von der vorgängigen Planfestsetzung sind dem Minister der öffentlichen Arbeiten so vorbereitet vorzulegen, daß alsbald Entscheidung getroffen werden kann.

Zu §. 19.

Die Erlaubniß zur Eröffnung des Betriebes erfolgt auf Grund einer örtlichen Prüfung der Bahn durch die zur Genehmigung zuständige Behörde, also bei Bahnen, welche mit Maschinenkraft betrieben werden sollen, durch den Regierungs-Präsidenten in Gemeinschaft mit der zuständigen Eisenbahnbehörde. — Ueber das Ergebniß der Prüfung ist ein Protokoll aufzunehmen.

Zu §. 20.

Sowohl bei der ihrer Einstellung in den Betrieb vorhergehenden, wie auch bei den späteren periodischen Prüfungen der Betriebsmaschinen sind diejenigen Vorschriften gleichmäßig zu beachten, welche jeweilig für die entsprechenden Prüfungen der auf Nebeneisenbahnen zur Verwendung kommenden Betriebsmaschinen gelten.

Die Bestimmungen der von dem Minister für Handel und Gewerbe am 16. März d. J. erlassenen Anweisung, betreffend die Genehmigung und Untersuchung der Dampfkessel, haben für die Dampfkessel in den Betriebsmaschinen der Kleinbahnen infolge des §. 20 des gegenwärtigen Gesetzes ihre Geltung verloren.

Zu §. 21.

Der Fahrplan und die Beförderungspreise für Personen und für Güter sind mindestens in einem öffentlichen Blatte, welches in der

Genehmigungsurkunde zu diesem Zweck zu bestimmen ist, zur Kenntniß des Publikums zu bringen. Außerdem hat die Veröffentlichung durch Aushang in den dem Beförderungsverkehr gewidmeten Räumen, und zwar die Veröffentlichung des Fahrplans und der Personenbeförderungspreise in den Personenbahnhöfen, Wartehallen ꝛc., der Güterbeförderungspreise in den für die Güterbeförderung bestimmten Gebäuden oder Räumen stattzufinden.

Zu §. 22.

Die Aufsicht über die Kleinbahnen steht, soweit sie nicht eisenbahntechnischer Natur ist, mit Ausnahme des zu §. 3 am Schlusse erwähnten Falles, immer derjenigen Behörde zu, welche zuletzt für eine der dem Unternehmen zugehörigen Bahnen eine Genehmigung nach Maßgabe der §§. 2 und 3 ertheilt hat. Ist eine Genehmigung zur wesentlichen Erweiterung oder Aenderung des Unternehmens von einer andern als derjenigen Behörde ertheilt worden, durch welche die frühere Genehmigung erfolgt war, so beginnt die Zuständigkeit zur Beaufsichtigung des erweiterten oder veränderten Unternehmens mit der Rechtskraft der die Erweiterung oder Aenderung genehmigenden Urkunde an den Unternehmer.

Die Aufsicht über die zum Betrieb mit Maschinenkraft eingerichteten Kleinbahnen, soweit sie nicht eisenbahntechnischer Natur ist, erfolgt ebenso wie die Genehmigung im Einvernehmen mit der vom Minister der öffentlichen Arbeiten zur Mitwirkung bei der Genehmigung berufenen Eisenbahnbehörde, sofern nicht eine andere Eisenbahnbehörde zur Aufsicht bestimmt wird. Bezügliche Anträge sind von der zur Mitwirkung bei der Genehmigung bezeichneten Eisenbahnbehörde an den Minister zu richten, falls sie die Uebertragung der Aufsicht an eine andere Eisenbahnbehörde nach Lage der Verhältnisse für zweckmäßig erachtet.

Die eisenbahntechnische Beaufsichtigung der Kleinbahnen mit Maschinenbetrieb wird von der Eisenbahnbehörde selbständig ohne Mitwirkung des Regierungs- (Polizei-) Präsidenten gehandhabt. Sie beschränkt sich auf die Ueberwachung des Betriebs im engeren Sinne, welcher die betriebssichere Unterhaltung der Bahnanlage und der Betriebsmittel und die sichere und ordnungsmäßige Durchführung der Züge begreift. Bei Ausübung dieser Aufsicht muß sich die zuständige Behörde stets gegenwärtig halten, daß, worauf eingangs dieser Anweisung hingewiesen ist, Anforderungen an die Unternehmer, welche die Rücksicht auf die Betriebssicherheit nicht nothwendig erheischt, unbedingt zu vermeiden sind.

Polizeiliche Bestimmungen über den Betrieb auf den zum Betriebe mit Maschinenkraft eingerichteten Kleinbahnen sind nicht ohne die Zustimmung der Eisenbahnbehörde zu erlassen. Im Falle der Versagung der Zustimmung ist die Entscheidung des Ministers der öffentlichen Arbeiten einzuholen. Sofern zum Erlasse derartiger Verordnungen eine dem Regierungs-Präsidenten untergeordnete Behörde zuständig sein sollte, ist diese anzuweisen, sich vor dem Erlasse derselben seines Einverständnisses zu versichern. Auch für dies Einverständniß bedarf es der Zustimmung der Eisenbahnbehörde.

Zu §§. 23/24.

Das Erlöschen und die Zurücknahme einer Genehmigung ist von der aufsichtführenden Behörde in dem Regierungs-Amtsblatt bekannt zu machen.

Zu §. 26 letzter Absatz.

Bevor von der Aufsichtsbehörde über die Festsetzung der dort erwähnten Frist Beschluß gefaßt wird, ist außer dem Wegeunterhaltungspflichtigen auch die Wege-Polizeibehörde zu hören.

Zu §. 27.

Liegt beim Erlöschen oder bei der Zurücknahme der Genehmigung wegen Unterbrechung des Baues und des Betriebes der Fall vor, daß über den Verfall und die Verwendung von Geldstrafen Entscheidung zu treffen ist, so ist von der Aufsichtsbehörde dem Minister der öffentlichen Arbeiten darüber Bericht zu erstatten, an welchen geeigneten Falles Vorschläge über die Verwendung verfallener Geldstrafen im Sinne dieses Gesetzes zu knüpfen sind. Bei Bahnen, welche mit Maschinenkraft betrieben werden, haben die Regierungs-Präsidenten ihren Bericht zunächst der eisenbahntechnischen Behörde mitzutheilen, damit diese in der Lage ist, sich auch ihrerseits zur Sache zu äußern.

Zu §. 30.

Von der Aufsichtsbehörde ist an den Minister der öffentlichen Arbeiten zu berichten, sobald ihres Erachtens die Voraussetzungen für die Anwendung des §. 30 eingetreten sind. Ist die Bahn zum Betriebe mit Maschinenkraft eingerichtet, so bedarf es dieser Berichterstattung, wenn auch nur eine der betheiligten Behörden, der Regierungs-Präsident oder die Eisenbahnbehörde, den Fall des §. 30 für gegeben erachtet. Der Bericht ist von der diese Voraussetzung bejahenden Behörde zu erstatten und mit der gutachtlichen Aeußerung der dissentirenden Behörde einzureichen.

Zu §. 32.

Von der Verpflichtung des Unternehmers zur Führung getrennter Betriebsrechnungen kann abgesehen werden, wenn die Gesammtunternehmung keine anderen Bahnen enthält, als städtische Bahnen für den Personenverkehr und Bahnen, welche, wie z. B. Drahtseilbahnen, zum Anschlusse an das Eisenbahnnetz sich nicht eignen.

Zu §. 45.

Die Prüfung der betriebssicheren Beschaffenheit der Bahn und der Betriebsmittel, welche der genehmigenden Behörde obliegt, bedingt auch für die Anträge auf Genehmigung der Privatanschlußbahnen die in technischer Hinsicht erforderlichen Unterlagen, wenn es auch an einer diesbezüglichen Vorschrift in dem Gesetze fehlt. Es ist daher auch für diese Bahnen die Anweisung zu §. 5, soweit sie die technischen Unterlagen betrifft, gleichmäßig zu beachten. Dagegen ist von dem Verlangen von Unterlagen in finanzieller Hinsicht abzusehen.

Zu §. 53 Absatz 3.

In dem Falle vollständiger Unterwerfung eines Unternehmens unter die Bestimmungen des vorliegenden Gesetzes empfiehlt sich in der Regel die Ausstellung einer neuen Genehmigungs-Urkunde, damit die Rechte und Verpflichtungen des Unternehmens völlig zweifelsfrei gestellt werden.

Die in dem fünften Absatze vorgesehene Bekanntmachung der Unterstellung unter das Kleinbahngesetz hat durch das Amtsblatt der Regierung stattzufinden.

§. 54.

Gesuche auf Genehmigung von Kleinbahnen oder Privat-Anschlußbahnen, welche vor dem 1. Oktober d. J. eingehen, sind ohne Verzug nach den Bestimmungen dieses Gesetzes zu behandeln und zu prüfen; auch steht einer Genehmigung in der bisherigen Form bereits vor dem 1. Oktober d. J. nichts entgegen.

Berlin, den 22. August 1892.

Der Minister des Innern.
Graf zu Eulenburg.

Der Minister der öffentlichen Arbeiten.
Im Auftrage:
Schultz.

Sachregister.

Die großen Zahlen bezeichnen die Paragraphen des Gesetzes; die kleinen die Anmerkungen. A.A. heißt: Ausführungsanweisung.

25. **Das Deutsche Reichsgesetz wegen Erhebung der Brausteuer** vom 31. Mai 1872. Von E. Bertho. 1 Mark 60 Pf.

26. **Die Reichsgesetzgebung über Münz- und Bankwesen, Papiergeld, Prämienpapiere und Reichsanleihen.** Von Dr. R. Koch. Zweite Auflage. 2 Mark 40 Pf.

27. **Die Gesetzgebung, betr. das Gesundheitswesen im Deutschen Reich.** Von Dr. jur. C. Goesch und Dr. med. J. Karsten. 1 Mark 60 Pf.

28. **Gesetz, betreffend die Unfallversicherung der bei Bauten beschäftigten Personen.** Vom 1. Juli 1887. Von Leo Mugdan. 1 Mark 25 Pf.

29. **Gesetz, betreffend die Erwerbs- und Wirthschaftsgenossenschaften.** Vom 1. Mai 1889. Von L. Parisius. Fünfte Auflage. 1 Mark 25 Pf.

30. **Gesetz, betreffend die Invaliditäts- und Altersversicherung.** Von E. von Woedtke. Vierte Auflage. 2 Mark.

31. **Reichsgesetz, betreffend die Gewerbegerichte.** Vom 29. Juli 1890. Von Leo Mugdan. Zweite Ausgabe. 1 Mark 25 Pf.

32. **Reichsgesetz, betreffend die Gesellschaften mit beschränkter Haftung.** Von L. Parisius. 1 Mark.

Guttentag'sche Sammlung

Preußischer Gesetze.

Taschenformat, cartonnirt.

1. **Die Verfassungs-Urkunde für den Preußischen Staat.** Von Dr. Adolf Arndt. Zweite Auflage. 2 Mark.

2. **Beamten-Gesetzgebung, Preußische.** Enthaltend die wichtigsten Beamtengesetze in Preußen. Mit kurzen Anmerkungen, einem chronologischen Verzeichniß der abgedruckten Gesetze 2c. Von C. Pfafferoth. Zweite neubearbeitete Auflage. 1 Mark 50 Pf.

3. **Das Preußische Gesetz, betr. die Zwangsvollstreckung in das unbewegliche Vermögen** vom 13. Juli 1883 und allen Nebengesetzen. Von Dr. J. Krech und Dr. O. Fischer. Zweite Auflage. 1 Mark.

4. **Die Preußischen Gesetze, betreffend das Notariat** in den Landestheilen des gemeinen Rechts und des Landsrechts. Neu bearbeitet von R. Sydow und A. Hellweg. Zweite Auflage. 1 Mark 60 Pf.

5. **Das Gesetz vom 24. April 1854** (betr. die außereheliche Schwängerung) und die daneben geltenden Bestimmungen des Allg. Landrechts nebst den dazu ergangenen Präjudikaten, der Litteratur 2c. Von Dr. jur. H. Schulze. 75 Pf.

6. **Die Preußischen Ausführungsgesetze und Verordnungen zu den Reichsjustizgesetzen.** Von R. Sydow. Zweite Auflage. 2 Mark.

7. **Allgemeine Gerichtsordnung für die Preußischen Staaten vom 6. Juli 1793 und Preußische Konkursordnung vom 8. Mai 1855.** Von F. Vierhaus. 2 Mark 50 Pf.

8. **Die Vormundschafts-Ordnung vom 5. Juli 1875,** nebst den dazu erlassenen Nebengesetzen und Allgemeinen Verfügungen. Von Max Schultzenstein. Zweite Auflage. 1 Mark 50 Pf.

9. **Die Preußische Grundbuchgesetzgebung.** Von O. Fischer. Zweite Auflage. 1 Mark 20 Pf.

10. **Das Einkommensteuergesetz.** Vom 24. Juni 1891. Von R. Meitzen. Zweite Ausgabe. 1 Mark.

11. **Das Gewerbesteuergesetz.** Vom 24. Juni 1891. Von A. Fernow. 80 Pf.

12. **Allgemeines Berggesetz** in der Fassung der Novelle vom 24. Juni 1892. Von Engels. 1 Mark 50 Pf.

Druck von C. H. Schulze & Co. in Gräfenhainichen.

FSC
www.fsc.org
MIX
Papier | Fördert gute Waldnutzung
FSC® C083411

Kolibri 360 GmbH
Ferdinand-Jühlke-Straße 7
99095 Erfurt, Deutschland
produktsicherheit@kolibri360.de